互联网背景下商务英语教学理论与实践研究

罗丹◎著

中国纺织出版社有限公司

图书在版编目（CIP）数据

互联网背景下商务英语教学理论与实践研究 / 罗丹
著. -- 北京：中国纺织出版社有限公司, 2024.6.
ISBN 978-7-5229-1933-1

Ⅰ. F7

中国国家版本馆CIP数据核字第2024316J3G号

责任编辑：赵晓红　　　责任校对：王花妮　　　责任印制：储志伟

中国纺织出版社有限公司出版发行
地址：北京市朝阳区百子湾东里A407号楼　邮政编码：100124
销售电话：010—67004422　传真：010—87155801
http://www.c-textilep.com
中国纺织出版社天猫旗舰店
官方微博 http://weibo.com/2119887771
天津千鹤文化传播有限公司印刷　各地新华书店经销
2024年6月第1版第1次印刷
开本：710×1000　1 / 16　印张：13.75
字数：193千字　定价：98.00元

前　言

　　随着互联网技术的迅速发展，商务英语教学理论与实践研究面临新的机遇和挑战。互联网技术不仅提供了大量教学资源，创新了教学手段，也给研究带来了新视角。在理论方面，商务英语教学应注重跨文化交际能力的培养，以提高学生的综合素质和就业竞争力。在教学实践方面，教师应利用互联网技术，如多媒体、在线互动和模拟商务场景等，提高学生的学习兴趣和参与度。同时，注重实践教学，如商务英语角和模拟谈判等，培养学生的实际操作能力。在研究方面，应注重理论与实践相结合，通过实证研究和案例分析等方法，深入探讨教学中的问题并寻找解决方案，为教学实践提供理论指导。总之，互联网背景下的商务英语教学理论与实践研究意义重大。只有不断探索和创新，才能适应时代发展需要，培养出更多优秀的商务英语人才。

　　本书基于商务英语的起源与发展，明确其内涵，分析其学科建设与语言特点，在此基础上，提出商务英语教学的原则与方法，继而结合互联网背景，依据建构主义、翻转课堂、多元智能、需求分析与CBI理论，阐述其教学路径，最后在跨境电商、外贸企业、信息技术、商务英语谈判与跨文化交际等多种环境下，探究商务英语教学的具体实践应用。

　　本书是一本全面、深入的商务英语教学指南，适合商务英语教师、学生以及从事商务英语相关工作的人员阅读。通过阅读本书，读者将能够更好地理解商务英语的内涵和应用，提高自己的商务英语水平和跨文化交际能力，从而为未来的职业发展打下坚实的基础。

在本书的撰写过程中，笔者深入研究了众多同行教师和专家的研究成果，从中汲取了丰富的知识和深刻的启示。在此，笔者向他们表示由衷的敬意和感谢。同时，笔者对在本书编写和出版过程中付出辛勤努力的老师们表示衷心的感谢。

尽管笔者付出了最大的努力，但由于时间和个人能力有限，本书可能仍存在疏漏和错误。笔者真诚地邀请同行专家和读者给予批评、指正，共同促进学术的进步。

罗丹

2024 年 2 月

目 录

第一章　商务英语概述

第一节　商务英语的起源与发展

商务英语作为英语的重要功能载体,是社会发展和英语语言学发展的必然结果。在知识经济时代,商务英语展现出强大的生命力。自20世纪90年代以来,我国大专院校和对外经贸系统广泛关注商务英语的教学与研究,但学科发展仍滞后于时代步伐。商务英语在理论与实践结合上仍需深入探讨,与我国英语语言文学领域的研究水平相比仍然存在较大差距,国际上也有类似情况。

商务英语研究存在"滞后"现象的原因之一是对国际商务英语的出现和学科发展历程了解不足,导致对商务英语的认知存在偏差。深入了解国际商务英语的演变过程及其学科发展背景,对于正确认识商务英语的地位和作用至关重要。

根据语言学的观点,语言随着社会进步而演变。为了深入了解语言的演变规律,需要紧密结合社会历史的发展轨迹和使用该语言的民族的历史背景。深入挖掘商务英语的起源与发展的社会历史因素,有助于为商务英语学科未来的发展方向提供有价值的参考。

一、商务英语在国外的发展历程

商务英语(business English,BE)是专门用途英语(English for specific purposes,ESP)的一个分支。关于其起源时间,一直存在争议。有观点认为商务英语始于1969年ESP学科的确立,但实际上,商务英语在ESP产生之前就已经成为英语教学的重要部分。为克服贸易中的语言障碍,英语学习书籍在15世纪末就已出现。第一批专门的TEFL(teaching English as foreign language)课本于16世纪晚期出现。早期的商务英语手册以实用性为主,旨在满足商务英语学习者的实际需求,内容涉及日常对话、词汇、购物对话等。在16世纪初,英语已成为必备语言,被纳入各类外语手册中。随着英国工业革命和美国资本主义的发展,英语地位也随之上升,商务英语尺牍课程和词汇手册成为商务贸易英语学习者的必修内容。ESP学科建立前的十年,商务英语教学不断进步。自20世纪八九十年代以来,新一代商务英语学习者更加注重语言的实用性和针对性,从而催生了ESP的崛起。商务英语作为ESP的一个重要分支,开始走上系统发展的道路❶。

二、商务英语在中国的起源和发展

（一）商务英语在中国的起源:中国式的商务英语——洋泾浜英语

中国的洋泾浜英语（Chinese pidgin English,CPE）是一种不严谨的语言,属于接触语,历史上曾作为商务英语出现在中国的初始形态。它由中国人发明,用于中英贸易交流。CPE形成于1699—1747年,历经"广州/广东英语"和"中国沿海英语"等阶段。CPE源于中英贸易交流的需求,词汇、语音、语法都有所简化以适应当地表达习惯。中国人学习CPE主要靠死记硬背相关词汇,并使用汉语语法和语音表达。CPE没有书面形式,早期教学甚至完全采用汉字。CPE的习得方式不断演变,早期通过与外国人直接接触和模仿形成,师徒相承也是重要方式。随着中外贸易扩大,机构教学（培训）逐渐凸显。CPE教材在"广州英语"时期出现,所有书籍都采用"记音汉字"进行标音。后期的教材涵盖常用单词、短语和完整句子。学术界自19世纪初开始对CPE进行系统的研究,早期主要集中在词汇方面,西方研究者占据多数。CPE在推动中国对外贸易发展和催生买办和通事阶层方面具有重要意义,但随着对外交往的频繁与买办和通事阶层的"洋化",CPE逐渐退出历史舞台,但它为英语的普及和繁荣奠定了基础。

---

❶戴年.商务英语的起源与发展史简述[J].理论月刊,2010(6):88-91.

（二）商务英语在中国的发展：标准英语的商务用途教学

中国的标准英语教育始于19世纪初西方在华创办的教会学校，这些学校在早期很长一段时间内的影响力远不及功利的CPE学校。当时的社会风气对功利的追求，使教会学校也不能幸免。为了满足当时社会对洋务商务人才的需求，一些教会学校改变了原有的培养华人传教士的目标，增设了一些实用课程。

在清末民初时期，中国的近代教育框架已初具规模，然而英语教育在这一时期呈现出一种不正常的快速发展。英语教学与商科教育在实质上仍然被视为两个相互独立的学科，并没有形成有效的交叉。学生在学习英语时，主要集中在通用英语上，而其他专业课程仍然主要使用汉语进行讲授，导致两者难以实现有机的融合。

在1950年初期，我国创立了首所专注于贸易的高等学府——北京对外经贸学院（现为对外经济贸易大学）。该校的一项显著特色是开设了"外贸函电"课程。该课程由经验丰富的外贸业务人员根据实际业务函电编撰而成，旨在满足我国外贸业务的需求。

商务英语的形成与早期国际商务活动，特别是港口贸易，有着密切的联系。早期的商务英语教学存在系统性和完善性的不足，但它确实缓解了贸易各方在语言上的困境，并为该学科的后续发展奠定了实践基础。

商务英语是全球贸易交流的必然产物，主要研究对象为各类贸易活动。它巧妙地结合了商务与英语两大元素，形成了一种具备高度实用性的语言形式。许多知名院校纷纷开设商务英语课程，如英国的牛津大学和剑桥大学、美国的哈佛大学、斯坦福大学及伯克利大学等。在中国，商务英语的发展历经三百年，从CPE到标准英语的演变，真实地反映了社会发展的步伐，并与国家的对外交往程度和范围形成了紧密的联系[1]。

---

[1]叶兴国.我国商务英语专业教育的起源、现状和发展趋势[J].当代外语研究,2014(5):1-6, 76,79.

第二节 商务英语的内涵

一、商务英语的概念

商务英语涵盖英语语言与商业实务两个层面,是商务人士在商务环境中应用的英语,属于特殊用途英语(ESP)的一个分支。商务英语与各类商业活动紧密相连,包括具体的经营、贸易等业务领域和宏观经济行为。商务英语从内容上可以分为一般商务英语和专门商务英语两大类,后者更侧重于某一专业领域的商务知识。商务英语的概念和内涵正在不断演变和扩大,在我国高校,商务英语作为一门以ESP一般商务用途英语为基础的综合交叉学科,正处在专业规范化与学位授予弹性化的发展阶段。

二、商务英语的特点

商务英语不但具备普通教育学的特点,还具备语言学的特点,同时,商务英语还具备商科理论和知识的特点以及人文理论和知识的特点。

(一)商务英语的普通教育学特点

商务英语是专注于商务领域语言教育的一个学科,涵盖语言、商务知识、技能操作和人文知识。它是国际贸易、国际商务及商务英语专业学生的必修课程,旨在培养学生的商务理念、操作技能和语言运用能力。商务英语兼具学术性和实践性,强调基础性、实用性、通俗性和创新性。商务英语教育深入探讨了商务英语教育的实质、功能、历史、目的、教师与学生、教学方法、课程设置、班级管理、制度和评价等基本问题,具备普通教育学的特点,是一门严谨、稳重、理性和官方的学科。

(二)商务英语的语言学特点

商务英语教学是一种基于语言的教学方式。语言是基础,商务英语则是语言在商业领域的具体应用,因此它具备语言学的特性。在商务英语教学中,学生通过学习专业知识来提升语言能力,同时在学习过程中巩固和加深对语言的理解。

（三）商科理论和知识的特点

商务英语专业课程涵盖了西方经济学、商务道德、商务环境、商务策略、商务沟通、商务礼仪、人力资源、企业管理、市场营销、国际贸易、国际商法、国际金融、物流等领域。这些课程不仅需要运用语言来表述商科知识，还需要运用商科的理论原理，如协同论和耗散论等。由此可见，商务英语专业具有明显的商科理论知识特点。

（四）人文理论和知识的特点

商务英语专业学生除需要掌握语言和商务知识外，人文素质教育也是不可或缺的一部分。我们不仅应该注重培养学生的文化意识，还应该引导他们运用人文方法，不断扩大人文知识，提高个人能力，并提升人文素养。这样，他们在跨文化交流中能够展现出健康向上的精神风貌，彰显文明、科学、爱国、求真的品质❶。

第三节　商务英语学科建设

商务英语作为一门学科，它起始于20世纪60年代后期，至今已有五十多年的历史。该学科的发展与ESP理论的进步相辅相成。在西方国家，商务英语课程在商学院或大学商科专业中普遍开设。尽管我国商务英语的起步相对较晚，但近年来其发展势头迅猛。

一、商务英语学科发展现状

商务英语的发展经历了概念提出、磋商洽谈、成立研究会、创设专业四个阶段。商务英语的概念是在20世纪90年代中期提出的。1994年，对外经济贸易大学的黄震华和王关富牵头召开了首届商务英语研讨会。1996年，上海外国语大学的王兴孙、叶兴国牵头召开了第二届商务英语

---

❶周瑞琪.商务英语内涵及课程设置刍议[J].齐齐哈尔大学学报（哲学社会科学版），2007(5)：154-156.

研讨会。1998年,第三届商务英语研讨会的成果是成立了中国国际贸易学会商务英语研究会,这促进了商务英语的建设。2012年,教育部以〔2012〕9号文件批准商务英语进入《普通高等学校本科专业目录》。从此,商务英语专业名正言顺。

汇集众智,群策群力,商务英语在其后的教学要求、课程体系、教材建设、教学研究、师资培养、竞技比赛、级别考试等各个方面都得到了长足的发展,其专业属性和学科地位已经逐渐清晰。商务英语专业教育成为21世纪中国热门的教育种类之一,得到了社会各界的普遍认可。

到2020年底,全国已有300多所高等院校开设了商务英语专业,旨在培养具有扎实的英语语言基础和较系统的国际商务管理理论知识,具有较强的实践操作技能,能在外贸、外事、文化、新闻出版、教育、科研、旅游等领域从事翻译、管理、教学、研究工作的英语高级专门人才。

商务英语专业发展迅速,成绩显著,可以从以下四个方面来看。

(一)在教学质量评估与标准建设方面,确定了人才培养方向

由教育部编制的《高等学校商务英语专业本科教学质量国家标准》在2014年底发布实施规定,商务英语专业旨在培养英语基本功扎实,具有国际视野和人文素养,掌握语言学、经济学、管理学、法学(国际商法)等相关基础理论与知识,熟悉国际商务通行规则和惯例,具备英语应用能力、商务实践能力、跨文化交流能力、思辨与创新能力、自主学习能力,能从事国际商务工作的复合型、应用型人才。从实际的教学效果来看,商务英语专业培养的学生在英语语言听、说、读、写、译基本功,法律法规、商务规则与国际惯例等商务知识和实操能力,国际文化知识和人文素养等方面,实现了国际化、复合型、应用型并重,并在一定程度上培养了学生的创新能力。

(二)在人才培养层次方面,已经制度化、阶梯化

商务英语本科建设起步快,起步早,规模效应十分明显。自2007年教育部正式批准对外经济贸易大学、上海对外经贸大学、广东外语外贸大学增设商务英语本科专业起,至2020年3月,全国已有323所高校开办

或由英语专业改为商务英语本科专业,700多所院校在原有的英语专业下面设置了商务英语方向。

人才培养体系阶梯化已经形成,硕士、博士层次教育发展良好。2008年,广东外语外贸大学设立商务英语硕士学位二级学科点,对外经济贸易大学等许多具有外国语言文学一级硕士点的学校设立了商务英语硕士二级学科点,或在外国语言学和应用语言学下面设立商务英语方向的硕士点。博士生层面也已经有13年时间。继湖南大学外国语学院2010年开始招收商务英语博士生,对外经济贸易大学、广东外语外贸大学分别于2012年、2013年开始招收商务英语博士研究生。

（三）在毕业生就业方面,基本实现高就业率、高薪酬率和高成长率

人才培养质量决定就业质量,就业质量反映人才培养质量。

商务英语专业毕业生专业水平高、综合素质强,学习新知识快,融入环境快,个人才华展示快,很受用人单位好评,形成了很好的社会声誉。

从一次性就业率来看,商务英语专业毕业生就业率一直稳定在95%以上。

从就业单位类型来看,依次是外资企业、大型民营企业、中初级教育单位、国有企业,涉及能源、外贸、跨境电商、物流、教育等领域。

从地域流向看,选择经济发达地区就业的毕业生占到就业人数的50%左右,选择珠三角和长三角等经济发达地区城市就业人数继续增加,粤、苏、沪、浙等省市成为商务英语专业毕业生就业的首选区域。

从专业的匹配度来看,商务英语专业的学生就业专业匹配度比较高,达到了85%以上。

（四）在社会影响方面,适应和适用并行,能力较好,积极向上

从行业、企业和社会反馈的信息分析,商务英语毕业生在社会上有着积极的正面影响。

1.良好的英语交际能力

商务英语专业毕业生在外贸行业和货代行业就业的比较多,雇主对

毕业生的英语能力表示相当满意。良好的英语沟通、书写能力,保证了英文函电能够被专业地处理,并以此与国外客户进行沟通交流。

2.良好的持续学习能力

用人单位对商务英语专业毕业生的学习能力普遍给予了较高的评价。他们认为,市场瞬息万变,业务不断拓展,员工的学习能力应当不断提升。商务英语专业的毕业生确实具备了良好的学习能力,能够从分销、配送、金融、服务等各方面学习新知识,提升工作能力。

3.良好的商务沟通能力

涉外企业的产品和服务,涉及许多紧密相连的业务环节和业务阶段。商务英语专业毕业生良好的商务沟通能力在业务达成、问题解决、提升服务等方面为货物租船订舱、价格协商、船期安排、保险办理、理赔应诉等事项处理提供了保障,从而赢得了客户的信赖,建立了长期互信的伙伴关系。

4.良好的心理素质和抗压能力

商务英语专业毕业生大多从事涉外业务,环境不同,思维方式也不同,客户需求多样化,文化差异难免,意外之事较多,这都需要毕业生善于沟通,承受压力,坚定信心。各用人单位对商务英语专业毕业生这方面的能力,都表示了积极的肯定[1]。

随着经济全球化的发展以及我国在全球经济中的地位不断提高,商务英语专业的就业前景也开始不断扩展,目前商务英语专业的毕业生大都能够胜任外贸业务相关工作,其中就业方向主要包括三类。第一类是国际贸易实务,商务英语专业所涉及的理论知识与专业知识能够很好地胜任国际贸易实务岗位对于从业人员的英语应用能力要求,但英语应用能力只是从事该工作的基础,对于想往此方向发展的学生还应加强自身商务运作能力以及计算机应用技术的培训。第二类是国际商务管理及秘书,该岗位同样需要从业人员有一定的英语应用能力,同时要能够从事商务管理与项目策划等方面的工作。第三类是会展英语,会展英语涉及的岗位较多,包括会展翻译、会展策划、会展协调与服务以及外事办公

---

[1]李远辉.略谈新文科背景和经济全球化视野下商务英语的跨学科交叉融合[J].外语教育与应用,2023(0):53-66.

等,从事会展英语方向工作也需要相关人员有一定的英语基础,同时需要掌握会展与广告设计基本理论和知识、具备会展设计规划和运用计算机进行艺术创造设计的能力。结合这三类商务英语专业的就业方向不难发现,英语能力已经成为涉外岗位的基础能力,因此商务英语专业就业范围较广,但需要学生结合自身的职业规划,进一步提升自己的专业水准❶。

二、新文科背景下商务英语建设

文科,即人文社会科学,是研究人类社会各类现象及其发展规律的学科。在《普通高等学校本科专业目录(2012年)》中,除理、工、农、医外,哲学、经济学、法学、管理学等都被纳入文科范畴。新文科是在科技革命、新经济和中国特色社会主义新时代的背景下,对传统文科的突破和升级。它强调多学科交叉融合,以需求为导向,旨在支撑引领社会的发展❷。

商务英语教育在中国改革开放40多年来取得了显著的发展。教育部2007年批准设立商务英语本科专业,是国家战略发展的创新举措。商务英语在跨国商务活动中融合了多个领域的知识,形成了独特的知识体系。它具有语言属性、文化属性和行业属性的共生特性,这使商务英语在学科上具有独特性,有别于通用英语、专门用途英语、语言学、英美文学及翻译等其他学科。

商务英语尚未有统一的定义,但学界普遍认为它是一门交叉性学科,涉及英语语言文学、跨文化交流和商务领域的知识。商务英语专业旨在实现跨文化商务信息的交流,其教学内容包括英语和商务领域的相关专业知识。尽管有学者提出商务英语学科已形成一定的格局,但从总体上,商务英语的发展仍处在早期阶段,并滞后于我国的经济发展。

商务英语作为一门交叉学科,具有巨大的发展潜力。然而,其交叉性与融合的核心问题仍未解决,主要体现在学科定位、构建基础、课程创

---

❶钮敏.商务英语专业人才职业能力培养模式研究[J].中国科技期刊数据库科研,2022(11):33-36.

❷何畏.高校商务英语学科建设研究[J].学苑教育,2019(11):65.

新、教学内容与方法、师资力量以及跨学科管理制度与政策等方面。这些问题亟待通过新文科建设来解决，以推动商务英语学科的进一步发展。

（一）突破传统思维，加大学科协同，创新现有理论，提升国家软实力

商务英语在我国的发展，得益于我国对外开放的政策。截至2019年底，国内开设商务英语专业的高校已达403所，显示出该领域在高等教育中的重要地位。早在2012年，就有540多所高校设立了英语专业商务英语专业，在校本科生数量达到20多万人。作为全球范围内商务英语教育高校数量最多的国家，我国学界在推动商务英语发展方面肩负着重要责任。

值得注意的是，商务英语是我国特有的概念，在国际上并无对应表述。国外通常将商务英语置于ESP领域进行研究，并集中在教学方面。然而，将商务英语涉及的跨学科问题上升到学科与专业层面进行的研究数量有限。商务英语的学科和专业发展，应源于跨学科交叉和知识深度融合的动力。这为理论与实践的创新和拓展提供了广阔的空间。

在新文科建设的背景下，商务英语发展应以全球新科技革命、数字经济发展、中国特色社会主义进入新时代为背景。这需要突破语言文学等传统文科的思维模式，通过学科交叉与融合、协同与共享、继承与创新等途径，扩大与深化现有研究领域，实现理论与实践创新。尤其在学科与专业领域，应实现新突破，扩大原创性成果数量，积极对接新时代国家发展战略。这样不仅能更好地满足经济发展的新需求，还能通过理论与实践两方面的创新推动商务英语的发展，提升我国的软实力。

（二）扩大研究视域、丰富商务内涵、加大学科交叉与融合

学界普遍认为，商务英语专业知识涵盖了英语、商务和跨文化交流三个核心板块。在国内高校中，商务英语专业的课程设置也主要围绕这三个板块进行构建。其中，商务板块的教学内容主要涉及经管类学科知识。然而，对于商务的本质，学界仍存在认知上的模糊性和分歧。

根据笔者多年的教学与管理经验，虽然各高校在商务板块的教学内

容上有所不同,但总体上仍未能突破传统商务的局限。目前,许多地方的本科院校和高职院校仍在使用改革开放初期的传统商务概念,将商务的内涵过于局限于"国际贸易"。尽管部分高校已经开始将管理学和国际营销学的相关知识纳入商务板块的教学中,但这仍然无法涵盖商务活动的广义范畴。

从更广泛的角度来看,商务是一个内涵丰富的"大商务"概念,不仅包括通过企业或公司等组织形式进行的盈利活动,也涉及基于供给与需求的经济体系中的各种活动,如生产、经营和交换等。为了应对数字技术带来的经济变革和管理实践的不断更新,商务板块的知识也需要不断地进行扩展和更新。

此外,考虑我国经济发展水平的地区差异和各地发展的独特性,商务英语专业的教育目标、课程设置和教学内容,尤其是商务板块的教学内容,应紧密结合当地发展的实际需求。为此,有必要强调商务英语专业的异质性特点,努力办出有特色的高水平商务英语专业。

综上所述,通过新文科建设的契机,商务英语专业应进一步拓展商务的内涵,明确学科定位并加强学科交叉与融合,以实现基于"大商务"视角的全面发展。

(三)树立教育新理念、优化教学目标、更新教学内容、推进课程改革、实施科学评价

在高校教育体系中,各专业都有其特定的学时安排,以确保教育的质量和深度。商务英语专业作为一门综合性强的学科,其学时分配尤其重要。然而,目前一些高校在商务英语课程设置上存在一些问题。对于商务英语与哪些学科交叉、交叉融合的范围等关键问题,高校间并未形成统一的认识。大多数高校都是基于经验或模仿其他院校的做法,缺乏科学深入的论证。这样的同质化现象并不利于商务英语专业的长远发展。

商务英语专业的培养目标是培养出具备扎实的英语基本功、广阔的国际视野、专门的国际商务知识与技能的复合型人才。他们不仅能在国际环境中熟练使用英语从事各种商务活动,还要具备人文素养和跨文化交际能力。要实现这一目标,商务英语专业的学时分配必须进行科学的规划。

在数字时代背景下,经济和社会都在快速发展,对商务英语专业也提出了更高的要求。教学内容、课程设置、教学方法与途径等都需要与时俱进,不断创新优化。同时,考核手段与标准也需深入研究,确保其科学性。

因此,商务英语专业的发展应充分利用教育部一流本科专业建设"双万计划"与"大思政课"建设的机会,将人才培养作为核心要素。我们要以《普通高等学校本科外国语言文学类专业教学指南》为指导,树立新的课程建设理念,持续优化教学目标、推进课程改革、更新教学内容、实施科学的课程评价。通过这些努力,我们可以建设具有示范性和引领性的商务英语专业本科课程群,提升专业建设质量,实现商务英语内涵式发展,并建立具有中国特色和世界一流的水平商务英语本科课程体系。

(四)聚焦研究对象、明确立足点、突破发展瓶颈

在商务英语学科与专业的发展中,认知差异是一个不可回避的关键问题,它对商务英语学科与专业的发展产生了深远的影响。尽管模糊学科界限是新文科建设的特色,但商务英语学科与专业首先应以国际商务环境中的英语现象与规律以及培养语言交流能力为核心,确保语言属性成为其基本标签。

在多年的商务英语本科和硕士毕业论文审阅中,笔者发现部分高校的研究主题和问题明显偏向管理学领域而非商务英语专业领域,这导致了研究焦点偏离了商务英语学科与专业的核心,模糊了其基本标签。更重要的是,这些研究普遍缺乏必要的方法论基础,使研究的科学性和可靠性难以保障。这一问题近年来越演越烈,应当引起足够的重视。

学科交叉与融合应强化商务英语的存在价值,而非模糊其定位。研究对象不明确、研究焦点不清晰,实际上削弱了商务英语学科与专业的独特性和创新性。在新文科建设中,学界需要进一步探索并明确商务英语学科与专业的研究对象和定位。例如,我们应打破学科间的壁垒,联合相关交叉学科的专家学者共同探索、研究,以找到一条既符合我国实际情况又具有引领价值的发展路径,解决商务英语学科与专业定位模糊、学科基础薄弱、教学内容与课程设置创新不足等"瓶颈"问题。

（五）运用科学的研究范式，深化学科交叉融合，夯实学术基础

当前，国内商务英语研究虽然数量庞大，但重复性远超创新性，高水平、有影响力的研究数量偏少，原创性贡献缺乏。研究方法的不足是主要原因，体现在研究问题选择、研究设计、跨学科程度、数据分析手段与方法以及研究的严谨性等方面。商务英语研究相较于国外同类学科和国内其他社会学科存在明显差距，导致商务英语学科基础相对薄弱、学科特色不明显。

商务英语作为特有的话语体系，将语言和商务等学科理论与知识有机融合。其学科与专业发展的驱动力应来自跨学科交叉和知识深度融合，而非简单的拼盘或叠加。研究方法论需创新，需借鉴其他社会科学成熟的研究范式，扩大研究视域、提高学科交叉程度、更新研究方法等。例如，运用经济学、管理学和其他社会科学在研究方法及分析手段方面的新成果，对商务英语领域问题进行定量或定性的研究，争取在高水平期刊论文发表及立项等方面取得突破，扩大原创性成果的影响力，拓宽和深化研究领域，夯实学术体系建设基础，提高商务英语学术研究的话语权与竞争力。

（六）创新学科管理制度，打破学科归属界限、激发跨学科研究动力

国内学科归属界限一直是阻碍学科交叉融合的重要因素，商务英语学科／专业在此方面所面临的问题尤其显著。在文科管理制度中，学科边界被高度强调，研究人员的学科归属需根据职位、身份、专业和工作进行明确的划分。虽然这种管理制度的本意在于加强管理，但实际上却阻碍了多学科领域的资源整合。

商务英语师资的背景大多为英语语言文学专业，兼具语言与商务背景的复合型教师相对稀缺。这不仅影响了商务英语专业的教学质量，也使其在项目申报与论文发表方面因缺乏创新性而竞争力不足。同时，其他学科领域的优势，如经济与管理等，也因学科界限未能充分融入商务英语学科／专业领域。

在文科管理制度的限制下，商务英语学科／专业在利用协同与共享实现发展方面面临诸多障碍。在新文科建设过程中，我们应适当模糊学科边界，下放自主权，并调整现有的科研项目与教育教学项目申报政策。政策上应允许申报者自行确定所研究的学科领域，以减少不必要的政策限制和争执。通过管理机制的创新，我们可以进一步促进商务英语的多学科或跨学科研究，加速三个板块的学科交叉与融合，并取得更多高水平的研究成果。

因此，笔者建议采用"特殊性原则"（或"例外原则"）对现有政策进行有效的修正。打破学科归属界限和创新跨学科研究管理制度对于商务英语学科／专业的发展至关重要。在新文科建设中，政府相关部门需调整管理思路，减少学科归属限制，以激发交叉学科如商务英语进行跨学科研究的动力。

（七）运用新技术赋能手段、实现教学模式的不断创新

数字变革对高等教育的教学模式产生了深远的影响。在新冠疫情期间，全球范围内广泛采用的线上教学方式，如慕课、Zoom、学习通、腾讯会议等，彻底颠覆了传统的教学模式。人工智能、虚拟现实、即时交流和信息便捷获取，以及大数据和物联网等技术的革新，使知识传授既可以延时也可以即时，满足了多样化的学习需求，丰富了教学手段的多样性。

可以预见，随着信息与通信技术（ICT）等新技术的不断发展，更多的新成果和技术将渗透文科教学中，从而深刻改变现有的教学模式。全球高等教育的发展环境和竞争格局正在发生改变。在新文科建设中，商务英语，尤其需要利用数字化技术手段创新传统的教学模式。

随着人工智能和"互联网"等技术的迅猛发展，商务英语教学既面临挑战，也充满机遇。传统的教学模式已无法满足学习者的多样化需求。利用人工智能等技术设计和构建虚拟实验教学平台，不仅能将商务英语专业的教学技术与手段与国际最新发展同步，而且能更好地结合课上与课下的教学，促进理论与实践的结合。

在新文科建设中，商务英语教学应充分利用技术进步带来的新机遇，同时加强在技术赋能条件下教育教学方法的创新研究。例如，我们可以

借一流本科专业建设"双万计划"的契机,通过"线上教学"和"线上线下混合教学"等课程建设,不断推动商务英语教学模式的创新。

（八）创新现有制度、挖掘资源潜力、加强复合型师资队伍建设

商务英语,作为具有共通语属性的跨学科话语体系,绝非简单的板块叠加或拼盘。它有机融合了语言和商务等学科的理论与知识,涉及外国语言文学、应用经济学、工商管理三个一级学科,以及外国语言学及应用语言学、国际贸易学、企业管理三个具体的二级学科。这充分体现了商务英语学科的交叉性与知识复合性。

然而,目前仅有单一学科知识的师资已难以满足商务英语跨学科的要求,凸显了商务英语专业师资需具备跨学科知识与复合能力的必要性与紧迫性。尽管近年来复合学科背景的商务英语师资数量逐年增加,但国内高校商务英语专业教师主体多为语言文学类背景的现状并未得到根本改变。

面对跨学科挑战和经济管理领域快速的知识更新,不少商务英语教师感到压力大、自信心不足,从而影响了教学质量。尽管高校采取了多样化措施培养双师型/复合型师资队伍,引入国际商务从业人员参与教学实践并取得一定成效,但学科背景单一的师资仍影响着商务英语学科/专业的进一步发展。

因此,建设既懂英语又通晓商务的高水平复合型师资队伍,已成为商务英语学科/专业发展的关键因素和新文科建设面临的问题之一。制度与政策层面需创新,加快师资从单一学科背景向跨学科背景的转变,以适应商务英语发展的需要。例如,国内高校全英语教学课程建设在教学成果与师资培养方面取得了显著成绩,在经济与管理类学科中有为数不少的国家级和省部级全英语示范性课程。这些课程与师资在商务专业与英语能力两个方面都具有相当高的水平。打通学科与专业的归属限制、将具有交叉复合特点且符合要求的一部分课程或师资为商务英语所用,将对解决复合型师资与学科交叉融合等方面存在的问题具有积极的作用与实质性价值,这些应成为高校与政府教育部门在新文科建设中认

真考虑的问题。

在过去的几十年里,全英语教育(EMI)在国外高等教育中得到了迅速的发展,不仅扩大了其影响力,还重塑了全球高等教育市场的竞争格局。与此同时,我国高等教育也正逐步走向国际化,大量的全英语课程和专业已经在各个学科领域中设立,培养了一大批兼具专业知识和英语能力的优秀师资。

在经济、管理和其他人文学科中,全英语教学表现出鲜明的复合性特点,尤其与商务英语教学存在一定的重叠,这在一定程度上削弱了商务英语专业的独特性和稀缺性。当前,商务英语在寻求自我发展的过程中,不仅要解决自身存在的问题,还要应对外部环境带来的新挑战。

因此,商务英语应借助新文科建设的契机,改革僵化的管理体制,科学地制定教育目标,不断优化教学内容、课程设置、教学方法和手段。同时,强化师资队伍建设,促进跨学科的交流与深度融合,以构筑坚实的学科发展基础,提升自身的竞争力。此外,商务英语还应紧密对接国家发展战略,满足社会需求,从而凸显其价值,实现商务英语学科和专业的更好发展❶。

第四节　商务英语的语言特点

一、具有专业性和概括性

在国际贸易交易中需要用简短的文字来表达对方想要了解的丰富信息。因此要求语言必须具有专业性。由于商务英语的逻辑性强,可以简明扼要地展示各类信息的逻辑联系,通过在交际活动中大量使用商务英语,可以提高专业性。

例如,在进行一项对外交易时,掌握专业的术语,可以加深购买方对产品性能的理解,增强产品的吸引力。在商务英语的应用范围内,还常

❶湛军.新文科背景下商务英语建设:关键问题与发展路径[J].当代外语研究,2023(4):45-53.

常使用缩略词,如像 photo 就是 photograph 的缩略词,而且随着社会发展,一些旧的贸易和交流方式被淘汰,一些旧的术语被遗弃,产生新的简略语。

缩略词的使用使卖家在短暂的时间内可以向买家表明他们需要对方为订购的商品付款,快速地完成交易。况且在这个快速发展的时代,国际商务活动对效率的要求也越来越高。使用简单的词汇有利于商务贸易伙伴间的交流,而复杂的词不但不容易理解,还会造成误解,引起不必要的沟通障碍。

简单的词汇可以充分表达的意思决不能用复杂的词汇,以免造成句子的拖沓、冗长、意思有歧义等现象。再者,由于商务英语的功能性较强,因此要求语言简单易懂,可读性强。力求将产品或服务的性能效用浅显明白地呈现给交易双方,乃是十分重要的。

二、具有正式规范的特点

由于对外交往的扩大和深入,我们与其他国家之间的贸易往来也涉及了各种各样的领域。因此,为了更好地处理对外业务,商务英语也随之涉及更加广泛的领域,包括金融、商贸、市场营销、管理、法律、物流和经济等,而且这些领域专业性强,专业词汇量大,所以商务英语词汇在英语中更为常见。比较独立,有自己独特的特点。商务英语不是一门专业语言,只是英语的一个特定应用情景的细化。

商务英语单词往往是情境性的,所以使用大多数正式和标准的单词是有意义的,商务英语单词很少混淆和发音困难,这是由英语商务语言的性质决定的。由于商务英语广泛应用于市场营销、金融、商品交易等领域,广泛的交际涉及方方面面,很多国际商务交流都需要用到商务英语。

因此,商务英语单词和短语必须遵循国际词汇规则来定义商务英语的目的。商务英语的主要特点是严谨,与其他风格相比,商务英语的使用风格更强调商务用语的准确性、及时性和逻辑性。因此,商务英语的句式结构更加复杂,句型规范,风格正式,特别是在报价文件、提案文件和合同中更能显现出这一特点。再者,商务英语更注重表达的精确性和客观性,句子有时虽然较长,但句型一般固定,语言较为简洁,词汇量较少,涉及的语法元素也较少。例如,在进行商务信函的书写时,用词一定要规范正式,充分体现了其规范、正式、公事公办的特性。常用意义相同或相近的书面词语代替基本词汇和口语词汇,如以 inform/advise 代替 tell,dispatch 代替 send,otherwise 代替 or 等。

三、内容不断发展变化

随着技术进步,新兴产业崛起,世界变化日新月异。新事物、新想法、新产品不断涌现。国际互联网、电子邮件、语音留言、传真、移动通信及其他无线通信设备改变了人们的沟通方式。这些技术的升级不仅意味着新的通信设备的到来,而且大大地提高了沟通的速度、频度和范围。

在全球范围内,人们可以 24 小时不间断地获取最新消息。不仅如此,技术的进步也使人们做到足不出户。商务沟通的主要方向既有外部信息发送也有内部沟通。前者涉及针对外部客户的信息公布和译文处理,公司要不断地与客户、零售商、分销商、竞争对手、投资方、媒体记者和社区代表交流、发送各种信息,有时这种信息的发送都会体现在词汇表中,而由于词汇是构成语言的最基本的独立使用单位,随之而来的便是专业术语的大幅增加。例如,cyber 这个词,由此词衍生出许多如 CyberArticle、Cyberspace 等;如 financing channels,融资渠道;blue chip,蓝筹股、绩优股;E-business,电子商务;income from moonlighting,灰色收入;environmental-friendly agriculture,生态农业;等等。这就要求从事商务英语翻译的人员要与时俱进,不仅要在专业领域不断精进,还要对外界事物保持好奇心,关注世界形势的变化以及一些新兴业务的出现。以便于在变化的潮流中把握机会,提升自己❶。

---

❶席龙菲.解读商务英语的语言特点及翻译策略[J].中国科技期刊数据库科研,2022(7):130-133.

第二章 商务英语教学的原则与方法

第一节 商务英语教学的基本原则

教学原则是教育教学的指导要求,基于教学目的和教学规律提炼而成,涉及教师和学生的学习行为,贯穿整个教学过程。它不仅反映了教学活动内在特点和规律,也是高效教学的理论指导和行为规范。准确、灵活运用教学原则对提升教学质量和效率至关重要。商务英语教学的核心任务是传授英语和商务知识,培养基础语言交际和商务操作能力。通过巩固基础、强化技能训练,提升学生经济思维能力。商务英语教学原则对提升教学质量具有显著意义和价值。

一、特色性原则

在构建商务英语教学体系时,应注重特色性原则,体现高校与专业特色。商务英语专业作为高等教育的重要组成部分,需遵循高校人才培养大方向并坚守自身专业特色。商务英语融合英语与商务知识与技能,核心目标为培养具备商务英语运用能力的高素质技术技能人才。为确保特色性,需明确培养目标与定位,转变教学方式,加强工学结合与产学合作,优化人才培养方案,创新培养模式,形成多元化教学模式,并探索产学结合的长效机制。

二、交际法教学原则

语言学习的目的是实际应用,而交际是提升语言能力的手段。为了使学生能熟练运用英语,需要进行大量有效的训练,使英语成为学生的第二语言。教师需引导学生养成用英语思考和表达的习惯,减少或避免母语干扰。英语语法复杂灵活,学生若习惯先想母语再转英语,会影响交际的流畅性和准确性。因此,英语教学应重视交际性原则,培养学生的英语思维习惯,实现真正的交际目的。

三、以学生为中心的原则

商务英语课程的教学对象具备以下特征:专业背景与知识结构多元化;学习动机明确,积极性高,具备较强的学习能力;思维活跃,充满热情,富有创造性;具备一定英语语言基础及应用能力。

这些教学对象大多数具备自主学习的特点,对自身学习风格和策略有较好的认知,对学习任务持积极态度,愿意冒险,既注重形式也注重内容。

在实施教学过程中,教师需尽早采集、分析学生的相关信息,以便使相关教学安排更具有针对性和有效性。教师可要求学生在介绍课时提交英文版的学生简况PPT,内容需涵盖个人、家乡、课程三个方面的简要信息。通过分析全班学生的简况,教师不仅能系统地把握其教学对象的特点与需求,还能初步了解学生的英语水平、意识能力等情况。教师还可以将全班学生简况汇编成一套PPT以供随时查询或用于教学活动,这有助于增强教师对教学对象的了解,促进师生间良性互动。

另外,高校应以人才培养为其根本任务。在具体实施过程中,应充分考虑学生的生理和心理特点,将价值引领、理论教育和实践教育有机结合起来。实践教学内容和手段的设计应紧密围绕青年学生的实际需求,充分体现出对学生个体的尊重。在构建实践教学体系时,高校应始终以学生为中心,以实现高水平优质就业为目标。这一体系应注重职业素养与职业技能的双重培养,以实现学历教育与岗前培训的有效结合。除了培养学生的表达、操作和学习能力,还应大力推进以"品德优化、专业深化、能力强化、形象美化"为核心的职业素养提升工程。对于商务英语专业而言,其实践教学体系的构建应尤其注重培养学生的实际能力。具体而言,应将培养学生的英语沟通能力、商务知识与技能以及与现代商务环境相适应的信息处理能力作为重点。对商务英语专业的理论和实践教学体系建设、教学计划和实习实训等环节进行全面的优化,以最大限度地提高学生的职业能力。

四、社会化原则

随着社会的进步,商务英语的应用范围也不断扩大,其社会应用性也日益增强。新词不断涌现,它们主要用于描述产品特征及命名。这些新词主要分为两类:完全创新的新词和创新的组合词。这些新词逐渐取代旧词,影响社会生活。商务英语广泛应用于多个领域,如商务英语教学、广告宣传、新闻采访和商务谈判等。商务英语是现代社会商务信息传播的重要工具,与社会活动关系密切。为了适应社会需求,商务英语必须不断更新和发展。新词的出现和社会发展相互影响,商务英语与社会活动相互依赖、相互影响。

在当今社会,商务英语强调效率和与时俱进。这催生了大量新词汇,如 CEO、COO、CIO 和 CFO 等。这些新词不仅反映了社会活动的变迁,也体现了语言对社会变化的适应和传播能力。随着社会变革步伐的加快,新词的传播速度也越发迅速。

商务英语教育应遵循社会化原则,避免停滞不前。教师有责任教导学生在激烈的市场竞争中如何生存与发展,应坚持实践教学的“社会化原则”,积极搭建行业、企业与商务英语的合作关系,让学生在实际的社会环境中不断学习、感受、发展和提升,提高职业素质和职业能力,助力实现梦想。

五、理论与实践相结合原则

商务英语专业实践教学在提升学生综合素质、培养创新精神和实践能力方面具有不可替代的地位。它与理论教学相辅相成,共同构成完整的商务英语教育体系。商务英语专业知识涵盖面广,包括语言知识和商务专业知识,两者缺一不可。如果单纯停留在表面的“教”与“学”无法使学生深刻理解知识,更可能影响实践表现。因此,帮助学生系统掌握商务知识与技能至关重要。同时,英语运用和商务操作需要不断更新和完善相关技巧与技能,以适应时代发展。在构建商务英语教学模式时,应结合学生实际情况、学校特色及地方特色,将理论与实践紧密结合,培养既有知识又有能力的商务人才❶

---

❶郭天宇.关于商务英语教学原则创新的几点思考[J].海外英语,2012(19):65-67.

第二节　商务英语教学的多元统一性原则

一、商务英语的英语语言教学原则

语言是符号体系,由音义结合的词汇和语法构成。它是重要的交际、思维和信息工具,也保存人类认识成果。商务英语是专门用途英语(ESP)的子类别,特指商业活动中使用的英语变体,并非独立语言。商务英语教学着重商务专业知识传授,结合语言能力培养,强调英汉双语交流与公关沟通能力的培养。学生应具备清晰的商务业务表达能力、丰富的商务理论知识和实践经验,能完成各种商务活动任务或研究规划工作。在商务英语教学中,学生需掌握低于普通英语专业但高于四级或八级的英语水平。

二、商务英语的商科专业知识教学原则

商务英语是专门用途英语(ESP)中的一个重要分支。根据哈钦森(Hutchinson)和沃特斯(Waters)(1987)的研究,英语可以分为通用英语(GE)和专门用途英语(ESP)。商务英语教学旨在传授商科专业知识,培养具备国际视野、扎实语言技能、系统商务知识和跨文化交际能力的高素质商务英语人才。商务英语教学强调学生对商务概论、市场营销、人力资源、企业管理、物流和国际贸易等领域的基础理论的掌握。同时,注重提升学生的语言应用、商务实践和跨文化沟通能力,培养学生的社会责任感、团队协作精神和道德情操。商务英语教学的理论教学目标是使学生掌握国际商务概论、管理学、人力资源、物流、国际贸易、国际商法、跨文化交际(国际商务文化与礼仪)、金融学等领域的基础理论知识,并能够运用这些商务和跨文化知识从事对外商务工作。商务英语的课程设置以专业为依托,充分体现学生未来职业特点。这进一步印证了商务英语教学属于商科专业知识教学的范畴。

三、商务英语的实践教学原则

商务英语的核心本质是语言教学,基础在于语言学习,涵盖听、说、读、写、译五个方面。商务英语教学的实践技能目标在于使学生能够利用所学的商务知识和英语进行对外沟通与交流,参与商务会议和活动。培养英语语言运用能力需要掌握基本语言规则和词汇知识,但语言实践是不可或缺的环节,学习者应积极参与语言实践,在模拟或真实环境中进行大量的交谈、阅读和写作等活动。商务英语教学尤其注重实践与应用,"做中学"的方式是培养和提高学生语用能力的有效途径。

四、商务英语的人文素质教学原则

商务英语教学涉及广泛,几乎涵盖人文学科所有领域。其目标在于提高学生的社会责任感、团队协作精神和道德情操。商务英语专业毕业生主要参与国际贸易活动,面临跨文化交际挑战,在跨文化交流中,彰显人文精神。跨文化沟通源于经济全球化,国际交流首先是文化交流。无论是国际政治外交、企业国际化经营还是民间文化交流与融合,都需要深入研究不同文化对象的特征,以实现有效交流。

五、商务英语的层次性教学原则

遵循层次性原则,针对不同年级和类型的学生群体特征及个性特征,实施差异化教育。按照系统规划、分类设置、分层安排、有效衔接和整体推进的准则,构建大学生实践教育的活动载体和工作体系。对于高校商务英语专业的学生来说,英语的工具性尤为重要。由于学生基础不同,实践教学体系应以培养学生兴趣和动手能力为主,循序渐进、因材施教,充分挖掘学生的潜能❶。

---

❶潘雁,蒋晗.跨文化背景下的商务英语课程多元文化教学[J].海外英语,2021(15):32-33.

第三节　商务英语教学的方法

一、商务英语教学方法改革

（一）商务英语课程教学改革

高校商务英语课程教学自身具备场景性和功能性，以至于高校商务英语课程教学目标和教学模式与一般英语教学课程存在较大差异。当前，很多高校虽然意识到商务英语课程教学的特殊性，但是，在实际商务英语课程教学开展的过程中，往往存在一定的滞后性，依旧沿袭传统的英语教学方法，忽视商务英语课程的专业性与实践性，很难真正培养出适合当前国际商务交流的高质量人才。因此，笔者将针对高校商务英语课程教学改革的相关内容进行分析探究。

1.商务英语课程教学改革目标

（1）实用性目标

商务英语课程教学因为自身具备的实践性特点，所以在进行课程教学改革的过程中，应该渗透实用性目标。商务英语课程教学工作应该注重交流活动中语言工具的合理应用，在保留普通英语教学特点的基础上，将商务活动密切相关的经济、管理、法律等诸多领域的内容引入商务英语课程教学。让学生在学习过程中，掌握商务领域的特定名词，实现语言技能和商务技能之间的融合，确保商务英语课程教学内容具备实用性特点。让学生可以在不同商务场合合理、得体地借助商务英语技巧和知识技能，完成各种商务交流、谈判、磋商、口头报告、撰写商务信函等。

（2）人才培养目标

商务英语课程教学改革的核心目标便是更好地开展人才培养，彻底贯彻"以英语为核心、以商务为背景、以实践为主线"的人才培养目标，让学生在商务英语课程教学中可以强化自身职业素养，更好地契合当前涉外人才的发展需求。因此，在商务英语课程教学的改革过程中，教师应该深入契合不同专业学生的职业未来发展方向，将多元化商务情景引入商务英语课程教学当中,切实在引领学生掌握熟练操作技能的基础上,强化学生的专业知识和职业技能。借助商务英语课程教学创新,能让学生在毕业之后可以直接参与各个国际贸易、国际商务交流中,因此,高校应结合社会发展对人才的需求,致力于培养出专业素质过硬、专业能力较强的高素质人才。

2.高校商务英语课程教学存在的问题

(1)教学课程设置缺乏科学性

一些高校的商务英语课程教学更加注重将侧重点偏于理论知识教学,强调学生对语法、语言基础理论的掌握,对商务礼节、商务交流等知识引入不足。在此种教学模式下,学生虽然掌握了一些商务专用词汇,但是对于应用场景、应用环境的掌握能力相对较弱,这就导致学生很难在商务领域当中合理、科学地应用商务英语知识。

(2)教学方法相对单一

商务英语课程教学方法直接影响着教学效果,所以,在开展商务英语课程教学的过程中,教师必须引入科学的教学模式。但是,结合当前商务英语课程教学实际情况来看,教师更加注重借助传统讲授式的教学模式,这造成商务英语课程教学氛围沉闷,很难带动学生的学习热情。此外,商务英语教学属于涉外专业教学中的课程,很多学生不注重自身专业知识的学习,在进行商务英语知识学习时,很难认识到商务英语知识教学的重要价值。教师的教学模式较为单一,教学方法落后,也就无法带动起学生的内驱力。

(3)商务英语实践体系缺失

正所谓"实践出真知",想要强化学生的涉外商务交流水平,就应结合商务英语课程教学的实际情况,合理设置实践教学模式,真正健全相应的实践教学体系,让学生在商务英语课程知识学习的基础上,合理开展实践学习,实现商务英语课程理论知识和实践知识的紧密结合。但是,从目前实际情况来看,很多高校的商务英语课程教学在设置时,忽视了实践教学内容融入,无法借助实践模拟一系列商务合作场景,很难为学生商务英语实践实训提供基础保障,导致学生的商务英语实践水平相对较低。

3.高校商务英语课程教学改革策略

(1)优化商务英语课程内容设置

①优化教材内容设计。在商务英语课程教学工作开展的过程中,教师必须对商务英语教材进行优化创新。当前商务英语教材中,多存理论化、阐述化的内容,商务英语实务教材内容较少,并且一些商务英语教材内容也相对陈旧,教材内容设置很难契合当前社会发展需求。因此,教师应该对当前商务英语教材进行优化创新,适当删减一些理论化过度英语知识阐述较为严重的内容,对实务性的教学内容进行扩充,引入诸多实践性的教学内容,真正增设实操性、实践性的商务英语教学内容,让学生可以在课堂学习中,掌握更多的商务英语实务知识。此外,教师还应该融入一些新颖的教材内容,真正贯彻与时俱进的观念,更新商务英语教材,将当前社会中最新的商务英语词汇、商务英语案例引入教材当中。借助优化教材内容设计的方式,确保商务英语课程教学与时俱进,为学生留出更多的商务英语实践机会,对传统教学课程内容进行优化创新。

②选修、必修课程并重。结合当前商务英语课程教学实际情况来看,高校进行课程设置时,更多的是以必修课形式进行设置,这就促使很多商务英语实践内容、商务英语文化内容无法引入必修课程当中。因为商务英语课程教学时间紧、任务重,课内教学时间有限,所以不利于商务英语教学内容拓展。为此,在开展商务英语课程教学改革时,应该引入"选修+必修"课程结构,让学生在必修课中掌握英语理论知识、英语专业知识,在选修课中可以对商务英语文化、商务英语案例等内容进行细致化的分析,实现课内课外互动拓展,提高学生对课程内容的掌握。例如,可以在选修课中引入商务英语礼仪文化知识,让学生明确在商务活动中应掌握的礼仪知识,并且,借助多元化的实践方式,引导学生变得细心、耐心、守时、负责,增强学生的跨文化知识理解能力。

(2)创新商务英语课程教学方法

①引入信息技术辅助教学。在互联网信息技术持续发展的背景下,商务英语课程教学工作必须积极契合当前社会的发展趋势,践行"互联网+教育"模式,积极将互联网信息技术手段引入商务英语课程教学当

中,转变传统商务英语课程教学课堂枯燥、乏味的教学氛围。互联网信息技术自身具备生动形象、声色兼备的教学特点,在商务英语课程教学中引入互联网信息技术,可以切实带动学生的课堂学习热情,让学生在生动、形象的教学氛围下,实现高质量、高效率的学习。例如,教师可以借助互联网信息技术引入慕课教学模式,将"商务英语实践案例"真正引入到课堂教学工作当中,让学生在实际案例分析的过程中,掌握涉外商务礼仪、涉外商务文化知识,切实调动学生的学习热情和积极性,生动直观的视频课件可以让学生对商务英语实务教学内容更好地掌握,也可以提升学生对商务英语课程教学的知识理解能力。

②创设商务英语教学情境。在实际开展商务英语课程教学时,教师应该结合不同专业学生的实际需求,设置与学生未来职业息息相关的情境,真正在情境创设的基础上,让学生结合本专业的实际情况,强化对外商务贸易交流能力。为此,教师可以引导学生创设出以合作交流、交际能力、英语表达能力为主的多元化教学情境,让学生真正在特定的情景中,模拟表演在未来职业工作中可能存在的商务交流场景,切实提高学生的商务英语实践技能,为学生日后工作开展奠定扎实的基础。例如,针对酒店管理专业的学生来说,教师可以借助"Along distance call reservation"为主题,创设特定的教学情境,引导学生对此场景涉外活动进行对话表演。

A:Shanghai Haitian Hotel.Reservation desk.Can I help you?

B:I'm calling from New York.I'd like to book a room in your hotel.

A:What kind of room would you like,sir? We have single rooms,double rooms,suites and deluxe suite in Japanese,British,Roman,French and presidential styles.

B:A British suite,please.

A:Would you like breakfast?

B:No,thanks.

切实围绕"Along distance call reservation"为主题的商务情况,引导学生以小组为单位,用英语的方式创设情境方式模拟现场,强化学生的商务英语表达能力。

（3）构建商务英语课程教学体系

①构建校内商务英语实践模式。想要真正提高学生商务英语课程教学的实践水平，就应该在课内构建完善的教育实训基地，真正把好课内教育根基，让学生在商务英语知识学习之后可以有效地进行实践。高校应完善相应的基础配置，建立商务模拟实验室、语音测试实训室等诸多校内商务英语课程实训基地，并结合商务英语课程教材内容，合理搭配相应的实训实践内容。此外，还可以动态化添加实用性书籍，引入 VR 技术手段等，配置相应的现代化教学设备和教学仪器，切实提升商务英语课程教学的实践效率，真正为学生日后的发展和进步奠定扎实的校内实践基础。

②构建校外商务英语实践模式。商务英语课程教学人才培养离不开扎实的实践，因此，教师应该积极地为学生探索实践学习机会，让学生在实践活动中锻炼商务英语专业知识、承担起商务英语岗位职责。校外商务英语课程教学实践工作可以采取积极开展校企合作的方式，让学生在暑假期间，借助志愿者、顶岗实习等方式，真正参与商务英语实务当中，这样学生便可以在实习的过程中接触形式多样的商务场景，在扎实的商务英语知识储备下，正确处理涉外商务各项内容，也可以更好地展现出自身的专业服务水平。在校外实践过程中，教师还可以定期组织学生进行"涉外商务交流"，将与学生专业息息相关的内容，引入商务英语课程教学实践当中，在各种涉外实践活动中，引导学生进行涉外交流，向学生渗透相关涉外法律知识，并且向学生传授突发事件的处理办法。

总而言之，高校作为人才孵化器，致力于为社会各个领域培养高质量、专业化的人才，而商务英语课程教学作为涉外专业教学的核心内容之一，为了适应当前社会对高质量涉外人才需求，必须对原本的商务英语课程教学模式进行创新改革。真正将岗位需求、职业需求，融入商务英课程教学的过程中。致力于结合商务英语人才培养需求为目标，对商务英语课程教学内容和模式进行重构，选择契合当前人才培养的教学内容进行深化，引入创新教学模式，侧重实践教学内容，真正展现出商务英语课程教学的先进性,更好地落实职业人才培养目标,实现商务英语课程教学的真正价值❶。

（二）商务英语课程思政教学

课程思政要求我们深入挖掘其他专业课程中的思政元素,以承担起一部分思政教育职能,从而建立起一个全方位、全过程的人才培养模式。商务英语,作为一门注重实际应用的学科,主要通过听、说、读、写、译等教学手段,培养学生的商务语境下的运用能力。然而,现有的商务英语教学模式虽然能培养出优秀的英语人才,却存在对学生思想引导和价值引领的不足,这可能会影响学生在未来商务沟通中的表现。

因此,商务英语专业应积极落实"立德树人"的教育理念,通过开展课程思政建设,帮助学生树立正确的人生观和价值观。这不仅要求学生能够运用马克思主义的立场和观点来解决商务语境下可能遇到的意识形态和文化冲突问题,还要能够用英语讲述中国的故事。这样的培养方式将为学生打下坚实的英语语用基础,同时有助于他们实现自我价值。

1.课程思政与商务英语课程的内在联系

（1）课程思政与立德树人

在全国高校思想政治工作会议上,习近平总书记明确提出,教育应以立德树人为根本任务,坚持德育为先,培养学生健全人格,并促进其综合素质的全面发展。这一理念强调了思想政治工作在教育中的重要性,要求我们构建全程育人、全方位育人的培养模式。

在立德树人理念的指导下,我们应深入理解教育的根本任务,即培养社会主义建设者和接班人,坚持以树人为核心,立德为根本,为党育人,为国育才。这一任务不仅回答了"培养什么人"的问题,还明确了我们应"怎样培养人"和"为谁培养人"。

为了更好地落实这一理念,我们应推动思政元素融入商务英语课程内容,构建课程思政的育人模式。这不仅有助于实现全程育人、全方位育人的目标,也对商务英语专业人才培养具有重要意义。

然而,课程思政的建设并非是要颠覆现有课程内容,而是在商务英语

---

❶张爽.高校商务英语课程教学改革的探索与研究[J].校园英语,2023(21):49-51.

课程内容的基础上寻找思想政治教育的嵌入点。我们需要深入挖掘、系统整合,确保在课程思政的理念下,商务英语教学中能够真正落实立德树人的根本任务。

(2)课堂教育与课程思政

课堂教育作为思想政治教育的主要途径,其教育效果对于学生的思政素养培育具有重要的影响作用。为进一步强化思政育人效果,应积极推行课程思政的教育模式,对现有课堂设计进行深度的优化和改革。在商务英语教学中,教师需深入挖掘课程内容所蕴含的价值观念,特别是马克思主义价值观和方法论,使之有机融入课程中,从而形成商务英语课程与思想政治教育的紧密结合。同时,结合各类教学载体,如教材、教案和多媒体设备等,教师可以为学生提供更为丰富、生动的教学案例。引入社会新闻等元素,将课堂教学与实际社会生活紧密相连,这不仅能显著提升商务英语的教学效果,增强学生对社会的认知和适应能力,还能为学生思政观念的成熟提供有力的支撑和优质资源。

(3)教材内容与思政课程

教育教材作为教育的基础载体,对于商务英语教学而言,其重要性不言而喻。它不仅是传授专业知识的媒介,更是渗透思想政治教育元素的重要平台。通过深入挖掘教材内容与理论,教师得以拓宽教学范畴,使商务英语教材成为思想政治教育的重要载体。在此基础上,通过对教材内容和课程模式的优化,我们得以构建"商务英语+思想政治"的课程思政体系,形成全程、全方位的人才培养模式。

(4)教师与学生

自古以来,教师承载着教书育人、传播思想的重大责任,其地位在古人的观念中崇高而神圣。在新时代的教育环境中,教师的职责不仅局限于传授知识,更要注重塑造学生的思想灵魂。传统的商务英语教学往往仅关注培养学生的商务英语应用能力,而忽视对学生世界观、人生观和价值观的引导。在课程思政的背景下,教师不再仅局限于传统的"教书匠"角色,而应深刻理解自身职业素养与学生自我实现之间的内在关联。教师不仅要提升自身的职业素养,成为学生思想观念、品行品位的楷模,还要通过有效地师生沟通交流,实现教学相长,助力学生实现自我价值。

2.课程思政模式下商务英语专业人才培养目标

(1)人才培养目标体系建设

商务英语专业旨在培养具备国际视野和商务实践能力的高素质英语人才。因此,学生需扎实掌握英语语言基础,并精通国际商务知识与技能,以便在岗位实践中熟练运用商务英语完成工作。同时,商务英语专业应注重培养学生的跨文化交际能力和人文素养,使其成为全面发展的高素质人才。

在此基础上,商务英语课程应进一步探索思想政治教育的切入点,并充分发挥课程的专业性和实用性,摒弃传统的"说教式"教学方式,将思想政治教育与课程内容紧密结合,使学生在学习过程中潜移默化地接受思想教育。

具体而言,商务英语课程思政的育人目标应包括文化自信、社会责任、家国情怀等方面的内容。通过理想信念与道德情操的教育,帮助学生树立正确的人生观和价值观。为实现这一目标,教师需要对传统商务英语课程内容进行模块化的拆解,挖掘思想政治教育元素,明确课程思政育人重点。其中,文化自信、职业道德、政治信仰、爱国情怀等核心内容应贯穿商务英语教学的全过程,以提升商务英语专业人才培养的整体水平。

(2)人才培养目标的基本解析

在构建商务英语课程思政模式的过程中,我们需要对现有的英语教育内容进行深度的挖掘和整合,从中提炼出隐含的思想政治教育元素。在此基础上,我们应对课程内容进行再设计和优化,确保思想政治教育元素能够有机融入商务英语的日常教学中。同时,我们必须充分考虑各类课程的特性,制定出具有差异化的课堂活动,从而更全面地发挥各类课程的教育价值。这样,学生们在学习商务英语知识和技能的同时,能潜移默化地接受家国情怀和文化自信的教育。

此外,商务英语教学在课程思政理念的指导下,应以培养学生的价值观念和道德修养为重点。在实施教育和引导的过程中,我们应避免采用传统的"说教式"方法,也不应削弱原有的商务英语教学目标。相反,我们应在确保学生听、说、读、写、译能力得到全面培养的基础上,进一步深化"立德树人"的教育理念。因此,我们需要对商务英语课程内容进行再开发和再设计,充分挖掘和利用隐藏在教学过程中的思政元素。这样,商务英语教学不仅能培养学生的语言技能,更能拓展其人文精神的内涵。

3.商务英语课程思政建设的实践策略

(1)基于教学目标完善课程体系

在商务英语教学实践中,我们必须以教学目标为导向,深入探索思想政治教育的显性和隐性教育策略。因此,商务英语教师队伍需从教学设计和规划的角度出发,将思想政治教育工作有机地融入商务英语教学中,构建全过程的思政育人体系。同时,我们需要不断丰富和优化现有的教学资源,利用图片、动画、视频、微课程等多种形式,提升教学效果。此外,建立健全商务英语思政育人的教学评价指标体系也是必不可少的环节。为了进一步夯实理论基础,我们还应积极开展专项课题研究,为商务英语专业思政体系建设奠定坚实的基础。

(2)厘清课程思政建设思路

商务英语专业在课程思政建设方面,应充分借鉴其他外语类课程的思政建设理论和实践成果,并结合自身特点,制定针对性的思政建设方案。在挖掘思政元素的过程中,建议采用问卷法和调研法集思广益,同时,注重教学资源和评价标准的制定,积极探索商务英语与思政元素的融合点。

在具体的教育实践中,应始终坚持"立德树人"的基本理念,将人生观、价值观、爱国精神、政治认同、人文精神等思政元素与商务英语课程内容紧密结合。此外,在文章阅读中,也可以深挖可用素材进行思政教育。例如,"发展旅游产业必须与文化相结合,打造特色城市"这一观点,不仅可以引导学生认识文化与经济发展的关系,还能增强文化自信;而"我们贯彻对错误承担责任的原则"这一表述,则有助于培养学生的责任感和职业道德意识。

这种教学方式有助于将思政内容融入商务英语教学的各个环节,实现知识技能传授与价值引领的有机结合。通过这种教学方式,我们能够培养出既具备专业知识技能,又具备良好道德品质的商务英语人才。

(3)采取多元化的教学方法

商务英语课程思政教育采用多元化教学手段,旨在激发学生的积极性和主动性。首先,案例分析法被广泛应用于教学中,通过选取具有现实意义的案例,如远程办公等,以丰富教学内容并引发学生的深入思考。其次,问题导向教学法也是重要的教学手段之一,通过设计一系列问题引导学生主动探索和思考,结合时事新闻分析,培养学生的职业精神和责任感。再次,小组讨论教学也是重要的教学方法之一,将学生分成若干小组进行课堂讨论和课后汇报,锻炼学生的听、说、读、写、译能力,培养他们的团队协作和沟通能力。最后,体验式教学法也得到应用,模拟真实的商务场景,让学生在实践中培养职业道德和职业素养。综合运用这些教学方法,旨在培养具有高度职业素养和责任感的商务英语人才。

(4)制定完善的教学评价标准

商务英语课程思政的教学评价标准应当细致全面,涵盖了多个核心方面。首先,是教师对于课程思政目标的实现能力,这关乎他们是否具备立德树人的自觉意识,以及在实际教学中能否有效融入思政元素。其次,我们应当评价教师的教学设计水平,主要关注思政教学目标是否明晰、学情分析是否准确,以及对于教学重点难点的处理是否得当。再次,我们还要评估教师实现教学目标的具体路径,包括他们对于教学、课堂组织、学习方式以及作业设计的整体把握,其中要特别注意思政教学内容与材料的合理性、教学理念的明确性,以及教学活动和作业设计的思政教育体现。最后,我们要综合衡量教学目标实现的程度,这涉及教师引导学生参与思政学习的程度以及学生的学习成果,具体表现为学生对思政知识的兴趣、主动学习与实际应用能力。

4.商务英语课程思政的教学反思

(1)教师的政治素养与教育水平问题

在商务英语课程中融入思政教育,是新时期对英语教师提出的新要求。英语教师需承担起一定的思想政治教育职责,这无疑对其政治素养和思政教育能力提出了新的挑战。当前,商务英语教师普遍缺乏系统的思政教育培训,对相关理论认知不足,对国家政策了解不够深入,在思政教育资源的开发、整合和转化方面,仍存在诸多不足。因此,商务英语课程思政建设的成果往往不取决于教师的意愿,而是受限于其实际能力。由此可见,加强对教师的思政教育培训,也是各大院校推进课程思政建设的重中之重。

(2)教材的思想政治教育内容问题

商务英语专业的教材内容主要服务于专业需求,虽然其中蕴含着丰富的思政教育元素,但在信息技术高度发展的今天,仅靠教材已无法为学生提供最优质的思政教育。因此,教师需充分利用互联网资源,设计多元化的教学活动,以培养学生的专业能力和思辨能力。同时,帮助学生应对中西方文化碰撞中的人生观、价值观冲击,这对教师的信息化教育能力和内容再开发、再设计能力也提出了新的挑战和要求。

(3)教学方法的习惯性问题

在商务英语教学中融入思政教育元素,教师需摒弃传统的教学理念,采取更为多样化的教学手段。例如,可以采用小组合作的学习模式,激励学生利用网络资源查找与课程主题相关的资料,并通过小组讨论激发思想的火花。然而,这种新颖的教学方式与学生以往的学习方式有所差异,可能引发学生的抵触心理,进而影响教学效果。因此,教师需投入更多的时间和精力进行组织与引导,确保每位学生都能积极参与新的学习模式,从而提升教学质量。

课程思政是实现"立德树人"根本任务的关键环节,在商务英语专业中推进课程思政建设,需要基于原有的人才培养目标,加强对学生文化自信、家国情怀和人文素养的培养。通过融入马克思主义世界观和方法论,教师应帮助学生更好地阐释现实问题,从而提高在文化碰撞和意识形态冲突中的辨别能力。

为了实现这一目标,商务英语专业教师需重新设定教学体系,明确课程思政建设的核心方向。在教学方法上,应积极引入问题导学、案例教学等创新模式,并构建科学、完善的教学评价体系。同时,需对教师的政治素养与思政教育能力、教材中的思政教育内容以及教学方法的适应性进行深入反思,以形成全面、系统的商务英语课程思政育人体系❶。

二、新时代背景下商务英语教学模式

（一）"双创"背景下高校商务英语教学模式

"双创"背景下对高校商务英语教学模式进行创新与改革有利于提高高校学生就业率,这对于推动高校教学模式创新,提高高校创新创业师资建设,激发高校学生创新创业意识具有重要价值。在社会环境的影响下,高校人才培养目标正逐渐发生变化,社会针对高校人才培养也提出更高的要求,而高校作为为社会输送人才的主要场所,必须对自身教学模式做出改良,构建能够满足社会发展的人才培养体系,为社会培养和输送更多高素质、高水平的专业技术型人才。在"双创"的不断号召下,培养学生创新创业能力成为高校各专业的重要教学目标,然而在落实创新创业教育过程中仍然存在一些问题,解决这些问题是高校商务英语专业实现教学改革的重要前提条件。

1."双创"教育概述

（1）目的

伴随社会的发展,"双创"教育的重要性逐渐体现出来,在高校各专业教学过程中融入"双创"教育至关重要,"双创"教育的开展目的是促进大学生综合素质全面发展,实现专业课程理论知识与实践的有效补充。高校开展的创新创业教育不仅是向学生传授创新创业技能与知识,还会培养学生创新创业意识与理念,使学生成为拥有创新创业思想的先进青年,并在就业过程中能更好地适应社会发展。创新创业教育的开展能使高校人才培养方案得到优化,促进专业教育与创新创业能力培养有机融合,培养学生创新性思维与创新意识,使其能够掌握创业能力。

（2）要求

全面落实"双创"教育首先需要高校建设创新创业师资队伍,师资队

---

❶袁媛.商务英语课程思政教学改革研究[J].湖北开放职业学院学报,2023(14):98-100.

伍是决定"双创"教育质量的关键因素,也是决定"双创"教育与专业教育融合效果的因素。因此,高校必须在落实"双创"教育过程中积极展开师资力量建设,引进更多高素质的专业教师。针对教学模式的创新也是实现"双创"教育与专业教育全面融合的重要途径。若想实现学生"双创"能力的提升必须将创新创业教育与学生专业课程教学展开全面融合,并以学生实际学习需求为依据对课堂教学模式进行优化。由此可见,创新教学模式是落实"双创"教育与专业教育全面融合的基本要求之一。

2."双创"背景对高校商务英语的有利影响

(1)全面提高学生就业率

在高校商务英语教学过程中展开创新创业教育有利于提高学生就业率。"双创"背景下创新创业教育的重要性已经被高校关注和重视,结合"双创"教育展开人才培养是现阶段高校人才培养的基本目标,对于商务英语专业课程教学也是如此。"双创"教育能使商务英语相关专业毕业生实现高质量创业、就业,在学习专业课程的过程中"双创"教育也能使学生形成创业精神,而这种精神是社会各岗位人员必备的素质。通过创新创业教育,学生能够形成创新意识,并在学习商务英语专业课程的同时发挥创新思维,在未来投入工作后利用这种思维进行工作模式的创新,从而提高学生的就业竞争力。

(2)推动教学模式创新

课程改革的逐步落实使高校不断提高对教学模式创新的重视程度,"双创"背景下在商务英语专业教学中融入创新创业教育有利于深化创新教学模式。创新是创业的必要条件,"双创"教育开展过程中教师应将重点放在培养学生创新思维与创新能力上。现阶段我国各行业对创新型人才的需求十分强烈,高校商务英语专业在进行人才的培养时也应结合行业需求建设培养目标,打造拥有创新性思维的专业人才队伍。当前我国高校商务英语教学模式较为传统,导致学生学习有效性不高,"双创"教育能摒弃传统教学模式,促使教师以提高学生就业能力和创新精神为教学目标设计教学模式,实现高校教育创新的进一步深化。

（3）加强创新创业师资建设

师资力量是影响高校教育质量的重要因素，也是高校展开教学必不可少的一项条件。在高校商务英语教学中融入创新创业教育，不仅有利于弥补"双创"师资存在的不足，还对加强"双创"师资建设具有重要价值。现阶段我国大部分创新创业课程的开展形式是独立的，这种独立的教育模式不利于专业课程与"双创"教育的融合，无法在培养创新型专业人才方面发挥价值，而部分商务英语专业课程教师"双创"意识不够强烈，创新创业教育能力低下，对"双创"背景下的商务英语专业教学模式改革造成制约。在创新创业教育的不断普及下，高校商务英语专业教师逐渐认识提升自身创新创业意识与教育能力的重要性，并在教学过程中不断提高自身水平，从而实现师资结构的调整，提高商务英语专业的师资水平。

（4）激发学生创新创业意识

在商务英语专业教学过程中落实创新创业教育还能激发学生创新创业意识，使学生真正成为能够满足社会与行业需求的创新型、专业复合型人才。开展创新创业教育的主要目的是培养学生创新意识与创业能力，在商务英语专业课程教学中融合"双创"教育能使学生在学习过程中认识到创新创业的重要价值，形成创新创业意识，在专业知识学习时敢于思考，勇于创新，这对培养学生创新精神、创新思维，激发学生创新意识意义重大，同时也是实现商务英语与创业能力及素养同步培养的重要途径。

3."双创"背景下高校商务英语教学存在的不足

（1）教育模式单一，教育观念落后

"双创"背景下部分高校商务英语教学体现出教育模式单一，教育观念陈旧落后的不良现象，在"双创"教育背景的影响下，高校商务英语教育应根据时代变化及时做出转变，以培养学生创业精神与创新能力并建设新型商务英语教学模式。然而现阶段我国部分高校并未认识到创新教学模式的重要性，依然在使用原有的教学模式展开商务英语教学，导致商务英语教学的整体质量不高。部分教师受传统教学理念的影响，在课堂上将学生置于被动学习地位,限制了学生的思考空间,学生无法及时表达自己的想法和建议,从而对学生创新创业能力的培养造成制约。

(2)课程设置与社会需求脱节

部分高校针对"双创"教育课程的设置与商务英语专业课程的设置不够合理,而课程设置的科学性又直接影响教育改革质量,若不对课程设置体系进行优化和改良就会导致商务英语专业课程教学与"双创"教学有效性低下。部分高校缺乏单独创新创业课程设置,导致学生认识不到"双创"教育开展的重要性。部分高校虽然开设了创新创业课程,但没有针对创新创业教育模式进行创新,或是使用选修课和公开课的形式进行教育,导致商务英语专业教学无法与"双创"教育进行有效的融合,学生既不能在商务英语专业知识学习过程中形成创新意识,也不能对学生积累创业经验起到明显作用。

(3)师生创新创业意识淡薄

部分高校商务英语专业教师与学生创新创业意识薄弱,对"双创"教育理念认识不充分。部分高校教师与学生对于创新创业概念的认识与理解存在偏差,无法认识到开展"双创"教育的本质,学校也并未针对"双创"教育的重要性展开宣传,导致教师与学生对"双创"教育与专业知识的融合重视程度不足,依然在商务英语专业教育中使用传统教学模式,学生学习商务英语知识按部就班,"双创"教育也并未对激发学生创新精神、培养学生创新思维、为学生树立创新意识等方面发挥出应有的价值。

(4)缺乏高水平高素质教师

高水平高素质的专业创新创业教师是当前高校展开"双创"教育与专业教育全面融合的重要保障。现阶段我国部分高校缺乏相关类型的教师引入,内部专业课程教师虽然拥有丰富的专业课程知识,却缺乏创业实践经验,无法发挥"双创"教育的价值。部分商务英语专业教师实际是英语教育专业毕业的,其并不具备商业英语知识教育能力,只能依赖教材展开基本知识的教育,这不仅无法发挥"双创"教育价值,还会影响学生商务英语专业知识的实践能力培养,也无法给学生提供有价值的创业指导。

4."双创"背景下高校商务英语教学模式构建路径

（1）更新教学理念，创新教学方法

"双创"背景下若想实现高校商务英语教学模式的创新与构建，需要对原有的教学理念与教学方法展开更新与创新。不断更新教学理念有利于释放实践活力，使高校人才培养模式与目标得到转变，由传统单一的教育模式向能力导向的人才培养模式进行转变。另外，在教学过程中教师会进一步提高对培养学生职业能力的重视程度，在专业课程教学过程中进一步落实"双创"教育，实现学科融合教育模式，全面落实以人为本的教学理念，为社会培养更多复合型创新创业人才。商务英语是一个跨学科复合型专业，其对相关专业人才的创新意识与能力具有更高要求，因此，高校必须顺应社会与专业的发展形势对教学理念进行更新，并结合学生实际需求对原有的教学模式展开创新，实现商务英语专业教育与创新创业教育的深度融合，培养学生创新意识与创新能力，以新时代社会需求为原则建设更有价值的人才培养目标，拓宽学生毕业就业渠道，鼓励独立创业。

（2）结合社会需求，优化课程体系

高校还应结合社会针对商务英语专业人才提出的基本需求，对当前商务英语专业与"双创"教育的课程体系进行优化与完善。相关专业教师应在教学过程中充分发挥先进技术与互联网技术的价值，在教学过程中利用这些技术收集成功创业者的创业实例，使用案例展开商务英语教育，在强化学生商务英语专业能力的同时培养学生创新思维。学校还可以适当举办商务英语专业创业技能大赛，利用竞赛形式激发学生创新创业意识，巩固学生商务英语专业知识。另外，高校还应适当组织学生走出校园，走向社会，了解相关行业的真实发展情况。高校可以构建校企联合体系，在为教师提供外出学习机会的同时为学生创造更真实的实践场所，使学生置身实地感受创业成就感，利用这种形式对课程体系进行创新与优化，从而培养学生创新精神，利用商务英语专业教育与"双创"教育的结合提高学生的综合素养，培养学生成为能够满足商务英语行业发展需求的具有创新意识的优秀人才。

（3）加强"双创"教育，提高师生认知

首先，高校应加强对教师的"双创"教育，加大"双创"教育重要性的宣传力度，从而提高校内师生对"双创"教育的认识，使其能够认识"双创"教育与专业教育全面融合的重要性，积极主动配合相关工作的开展，提高创新创业教育质量与水平。其次，高校应强化商务英语专业教师创新创业能力，使其在教学过程中能够注重对创新创业元素的挖掘，并将这些元素无限放大与商务英语专业知识展开融合，使学生能够在学习专业知识的过程中受到创新创业元素的影响，为学生建立创新创业意识打下基础。再次，高校可以通过外聘专业创新创业人才、与其他企业进行人才互换培训等多种方式进行教师能力的提升。最后，高校还应在校内展开"双创"教育重要性宣传，线上通过校园网、公众号等途径进行宣传，线下则可以通过组织比赛、活动等形式进行，使校内教师与学生充分了解社会对创新型人才的需求，并在教学与学习过程中强化自身创新创业能力。

综上所述，"双创"背景下高校商务英语教学模式的构建与优化是一个系统而复杂的工程，需要多方联动合作，并在具体落实过程中充分发挥各自优势，从而实现高水平高素质的复合型人才培养。高校应认识到"双创"背景下商务英语教学存在的不足，利用有效措施解决这些问题，并在教学过程中融入创新创业教育，从而提高学生就业率与质量。高校应不断更新商务英语专业教学理念，创新教学方法，并结合社会实际需求对商务英语课程体系进行优化，在商务英语教学中全面落实"双创"教育，提高师生对创新创业的认识，不断提高商务英语专业教师素质与水平，构建能够满足"双创"背景下商务英语发展的教学评价体系，实现商务英语教学模式创新，推进课程改革落实[1]。

（二）"一带一路"背景下的商务英语专业教学模式

"一带一路"背景下，高校商务英语专业教学模式的开展不仅需要适应时代环境，将教育事业与经济发展、文化建设、科技创新等进行结合，还要为现代化社会国际化发展输出相应的专业人才。在共享和开放的

---

[1] 王玲玲."双创"背景下高校商务英语教学模式分析[J].校园英语,2023(11):39-41.

环境下提高专业教学合作质量,高校在人才培养的过程中,应积极落实政策要求,培养国际化发展环境下可以有效运用英语从事对外商务、经贸、金融、管理等的综合型人才,适应社会发展新需求。

1."一带一路"背景下的商务英语专业教学模式实施环境分析

"一带一路"背景下,经济形势与社会环境在不断变化,这也给高校培养商务英语专业的学生提出较高要求,教育事业发展应当符合时代背景,并有效把握培养人才的契机。立足于时代背景,推进商务英语专业教学模式的创新发展,可以为各项政策落实提供坚实的人才保障,而对于人才的长期发展也具有积极的导向作用。尤其在当前的发展环境下,对外贸易的发展速度越来越快,"一带一路"背景下国内国际竞争当中离不开人才支持,所以培养熟练掌握英语的复合型人才是贸易自由开展、国家建设富强的一个重要保障条件。这就需要商务英语专业教学模式能够及时创新,并以校企合作为基础,把握"一带一路"背景下的人才政策变动以及人才市场变化,及时调整教学内容,体现出高校育人的优势所在。

2."一带一路"背景下的商务英语专业教学模式优化面临的难点

商务英语专业的针对性较强,在巩固学生理论知识的同时需要全面强化其实践技能,并积极营造良好的语言环境以及实践氛围,这就需要在商务英语专业教学模式的创新中能够把握市场定位,培养出具备英语语言与商务技能的综合型人才。基于"商务+英语"的培养模式,让学生能够适应社会发展需要,并为其长远发展拓宽空间,而商务英语专业也需要体现出其自身所具有的特色,关注商务英语专业人才培养和后期就业所面临的问题。从某种意义上说,商务英语在基层实践当中并不会体现出绝对优势,但是在对外贸易当中,大型集团性公司开展国际化业务时对这一类人才的需求较为明显。同时,文化建设、媒体发展,商务英语人才的需求将持续提升,而各大银行开展对公业务也强调商务英语型人才,所以,高校需要看清人才的未来发展方向,开展语言类教学需要将其与国际经济、国际金融、国际贸易、国际商务等相结合,不断拓展和深化学生的英语知识结构,并让其适应英语语言习惯。尤其在教育国际化背景下,双语教学的优势更加凸显,中外合作办学也在持续深入,各个年龄段的学生都在接触英语这门语言,所以某种意义上说商务英语专业人才培养的竞争也会更加激烈。这就需要高校能够突出商务英语专业教学所具有的特色,并培养复合型人才,基于"一带一路"背景打造英语专业特色,提升商务英语人才适配度,满足社会发展的现实需求,突出英语专业品牌亮点,在良性的竞争与培养中提升学生的整体水平。

3."一带一路"背景下的商务英语专业教学模式需要改善的问题

商务英语专业教学模式优化是高校办学的必然趋势,尤其在"一带一路"背景下,教育环境在不断发生改变,这也意味着社会发展对于人才的需求在不断变动。所以高校育人需要始终围绕社会发展环境来进行,培养应用型复合型高端人才,这就需要关注商务英语专业教学模式中存在的问题。

(1)专业教学并没有全面解读"一带一路"的时代背景,教学与实践存在一定的脱节问题

高校开设商务英语专业是教育要求但是未找到教育重点,所开设的课程,研发的教材更新速度慢,无法切实满足"一带一路"背景下对复合型人才的要求。而高校的英语教学仍有强调学生理论知识的问题,缺少相应的商务环境,也没有及时融入有关于商务知识内容,实践教学力度不足,校企合作不到位,语言环境创设速度慢都会直接影响教学成果。同时"一带一路"相关的知识讲解不多,也没有将大环境的各项政策实施以及成果纳入商务英语课程教学体系当中,部分学生在不理解"一带一路"的情况下很难找到学习侧重点,更不会将地理位置、经济发展水平、文化背景、历史风俗等相关概念与商务英语相串联。

(2)部分高校的师资力量薄弱

商务英语专业教师大多来源外语院校、师范院校等,不可否认其英语知识扎实,但是缺少语言应用环境,商务知识理论体系不健全,也没有外企工作经验,完全是一种理论化的教学模式,这也给对外培养人才带来一定限制。部分教师的商务英语实践经验不足,这也难以带动学生,教学缺少针对性,教学课时又有限,学生所掌握的内容十分浅显。与"一带

一路"相关的商务英语教学资源储备不足,难以对教学模式进行创新,教师之间的协调配合又达不到预期效果,这也将影响商务英语专业的整体教学质量和效果。

(3)商务英语专业更强调理论应用于实践

如果缺少客观环境,这将给专业教学质量带来直接影响,所以面对商务英语这门实践性较强的学科时为学生创造机会十分重要。关注商务英语专业人才的实践应用能力是一项重点工作,这就需要改善教学模式,提高实践教学的广度与深度,所以需要提高企业和高校的联合力度,并在实践教学当中能够对"一带一路"国家、地区的商务知识进行融合。而高校商务英语专业制定人才培养方案的过程中也要做好相应的追踪反馈,打造实践基地,开展模拟贸易,将商务知识与商务礼仪融入其中,如此才能有效改善专业教学不足,推进商务英语专业教学模式创新。

4."一带一路"背景下的商务英语专业教学模式优化的策略

(1)加大师资队伍建设力度,提高专业教师整体水平

商务英语专业教学模式是推进教学计划的一个必要保障,在"一带一路"背景下的商务英语专业教学模式需要明确方向,并加大师资队伍建设力度,打造双师型师资团队,如此才能够积极营造客观环境,做好学生的指导和教育工作。在培养复合型商务英语人才的过程中需要做到精准定位,关注"一带一路"国家发展当中对于高端型商务英语人才的现实需求。高校需要及时完善教材内容并合理利用各类资源,而商务英语专业的相关骨干教师也需要提升其实践力度,强化商务经营能力,保证其教学达到专业要求。在推进商务英语专业教学模式创新的过程中,也需要积极引进经验更丰富的外教,组织开展实践专业教学活动,并利用实训与实践专业教学平台,基于英语专业教学项目做好人才培养工作。同时立足于当前的经济与文化环境,把握国际商务、电子商务等专业特点,提高商务英语综合技能训练效率,积极拓宽和丰富学生视野,提高学生对外经济与合作的相关实践能力。

(2)完善英语实践教学体系,提高理论联系实践力度

商务英语专业的学生未来就业领域较多,为进一步强化其岗位适配

度,高校在组织开展专业教学时应当完善英语实践教学体系,提高学生理论联系实践的力度,这就需要积极完善基础设施,开设相应的训练,将"一带一路"当中所倡议的内容引入专业教学当中。对于高校商务英语专业教学模式来说,应当关注学生的商务口译能力、国际贸易知识了解程度,同时要进一步强化其政治水平与文化修养,设置口译技能实训室,开设相应的专业课程,做好人才的培养教育工作。根据商务英语专业教学模式的特色,强化学生实践能力,同时要鼓励学生创新创业,并积极与相关的企业展开定向合作,将产、教、研、学融为一体,以校企合作为契机,推进商务英语专业教学模式优化。此外,也要了解国外学校相关专业的教学成果,在借鉴中创新,构建具有特色的多功能商务英语实践教学体系,围绕专业人才培养目标,加强对外合作,做好人才输出。同时利用外企所提供的各项资源来提高办学效率,满足学生的学习需求,丰富学生的认知水平,并在专业训练、岗位实习的过程中提高人才培养成效。

(3)有效利用网络资源,优化英语教材内容

在现代化教育环境下,网络资源为商务英语专业教学模式的创新也提供重要契机,对于高校来说整合开发专业化的英语教材,将商务英语与国际教育标准进行衔接,在高质量人才培养目标下优化英语专业教学内容。同时找到更具有执行效果的人才培养方法,有目的有计划地推进商务英语专业教学模式创新,并逐步加大人才培养规模,这就需要高校能够提高和企业的联合力度并做好市场环境调研,也邀请专业学者进行分析。组织开展专家访谈,专业教育,明确商务英语专业核心课程标准,并围绕标准来展开英语专业实践教学活动。而在研发制定英语专业教材的过程中也需要体现出商务英语专业教学模式的时代性特征,商务英语知识应当和客观环境、语言思维、实践技能等相结合,做好英语知识迁移,并利用相关的经典案例来提高人才的参与性,保证商务英语专业教学模式的创新效果,从而提高高校英语专业教学影响力。

(4)加大教学合作力度,打造综合一体的共建模式

在国际化视角下,加强国际交流与合作是推进商务英语专业教学模式创新的一个有效途径,高校开展教学育人活动需要有效结合"一带一

路"经济建设、文化发展等各方面内容,打造综合一体的共建模式。商务英语专业的学生应当掌握跨文化沟通与交际的相关知识与能力,同时能够正确看待复杂的国际商务环境,提高其人际关系处理能力。了解"一带一路"背景下对外经济与合作当中的热点话题,既要强化其专业能力,也要以积极、客观、坚定的政治立场参与学习交流活动,在文化交流沟通当中,提升自身英语实践水平。尤其在学生访问交流团的长期实践下,学生的跨文化交流意识与思想认知不断强化,其语言能力也有所提升,而开设和更新跨文化课程也能够丰富学生视野。商务英语专业教学模式的创新过程中学生的综合素养在不断提高,在具备跨文化交际背景的外籍教师教育下,学生接触的专业教学知识会更加完善,有效弥补了师资力量不足的问题。在国际化的教学环境下,教育交流与合作水平在提升,高校的教学理念也在持续优化,更有助于提高商务英语专业教学模式的实施效率。

(5)提高技术使用效率,构建多元教学体系

"一带一路"背景下,教育环境在发生变化,而教育条件也在持续优化,商务英语专业教学当中信息化技术的使用效率提升,更有助于构建多模态、多元化的教学体系,使商务英语课堂的教学条件更强,教学设计效果更佳。与此同时,师生高效互动中学生的学习体验感不断增强,不仅专业教学主题更突出,教师也可以及时了解学生的学习能力,并积极转变传统的英语教学思维模式。在强调学生实际商务沟通能力的同时能够融入相应的技术培训,有效利用各类媒体设备,并利用信息化技术丰富专业教学效果。同时,教师可以利用网络化渠道分析英语专业的学习资料,也可以实现在线授课,这也能有效地分配商务英语教学时间,并开展多模态教学设计课程。只有学生的积极性提高,学生商务英语的沟通表达能力才能持续优化,并实现理论联系实践的目的。

综上所述,商务英语专业教学需要充分体现其适用性,基于"一带一路"背景下应打造具有特色化的商务英语专业教学模式,既明确教学定位,也提高师资力量,并为专业人才长期发展创设良好的客观环境。对于高校来说也要不断完善专业课程内容,做好多学科整合,构建多形态

专业实践教学体系,并基于国际化视角加大对外合作力度。既体现出高校培养人才的优势,也要提升专业教学综合实力,保证商务英语专业教学的质量与效率❶。

三、商务英语专业人才能力培养

(一)商务英语专业人才职业能力培养模式

英语是一门国际通用的语言,也是很多的工作、生活必要的交流工具。因为现在经济的全球化,随着市场国际化进一步深化,国家间的经济贸易活动越来越频繁,不少外资企业纷纷涌入我国,带来很多的就业机会。这也就使我国的商务英语专业得到了快速发展,商务英语主要是学习两个方面的知识,一是国际商务方面的知识;二是英语方面的知识。国际商务方面的知识,主要是学与商务有关的英语加基本的商务知识;而英语方面的知识学习包括学习英语基础知识,听、说、读、写、译每个方面都需要学,尤其是英语口语,因为商务英语最重要的还是实际工作中的使用。

1.商务英语专业的人才培养要点

商务英语专业教学是围绕学生的英语应用能力而开展的一项专业教学,其教学目的是培养熟练掌握英语应用能力的综合型人才。商务英语专业的学生在毕业之后从事的大都需要以英语作为工作语言的岗位,因此,英语能力是该专业培养学生的基础能力与核心能力。结合目前商务英语专业的就业前景,在开展商务英语专业人才培养的过程中需要围绕英语应用能力、基本业务能力以及自学能力开展。

商务英语专业的就业面较广,因为英语专业本身就属于基础性专业,涉及的行业很广,所以商务英语专业也是适用于很多行业的。该专业的毕业生能去往国家机关、外事、外贸、各类涉外金融机构、商务管理公司、出版、新闻、旅游、酒店等领域,承担商务管理、商务翻译、外贸洽谈、经贸文秘、英语编辑、英语记者、驻外商务代理、涉外公关、涉外导游等工作;也可在各类学校和英语语言培训中心以及大中专院校及科研部门从事

---

❶吴桢珍."一带一路"背景下的商务英语专业教学模式研究[J].中国科技期刊数据库 科研, 2023(5):186-189.

教学和科研工作。因此英语应用能力成了商务英语专业的人才培养的核心要点。商务英语专业的不同就业方向对于学生的专业要求存在差异，因此，为了推动商务英语专业的发展，需要结合不同的就业方向为学生提供专业的技能培养，即围绕岗位基本业务能力开展教学活动。例如，从事商务翻译岗位的学生除掌握一定的英语应用能力外，还需要对各国的风土人情有一定的了解，只有这样才能有效应对实际工作中出现的意外情况；从事教育培训岗位的学生除拥有高水平的英语能力外，还需要有一定的教育技能。学校在设计商务英语专业课程的过程中要充分结合学生未来的发展需求，为其设置科学的基本业务能力课程。

从学生未来的就业分析，商务英语专业的专业课程绝大部分都是围绕提高学生英语应用能力设置的，这就导致该专业大部分学生在进入工作岗位之后仍需要学习大量的基础性知识。由于不同的岗位对于这类知识的要求都不同，这就导致无法通过学校教育来对这部分内容进行有效的教学，因此就要求学生必须具备一定的学习能力，在进入工作岗位之后，能够根据自己工作岗位的实际需求进行学习。因此，商务英语专业在教学过程中还需要围绕提高学生的自学能力开展相应的教学。

2.当下商务英语专业人才培养中存在的问题

近年来随着社会的发展，各个高校都开设了自己的商务英语专业，这种情况一方面促进了商务英语专业的发展，另一方面也导致商务英语专业教育中出现了一些问题。其中课程设置不合理、教学方式脱离实际、缺乏完善的考评机制、缺乏对学生的就业指导是最突出的四个问题，造成这四个问题的根源在于学校对于商务英语专业认识不足，无法结合实际岗位需求开展教学活动。

(1)课程设置不合理

在教学活动中课程设置对于教学效果有直接的影响，对商务英语教学活动影响最深远的就是课程设置不合理的问题。由于商务英语专业就业范围较广，因此其课程设置也较为复杂，包括英语、经济学、营销学、文学、计算机等多门学科，但具体的教学工作仍以英语为主，过于广泛的课程设置使学生在学习过程中虽然涉猎内容广泛，但对每一类专业内容都浅尝辄止,不利于学生在毕业之后的择业。商务英语专业就业范围较广,因此学生在学习过程中应该围绕某一专业领域开展有针对性地学习,但目前国内绝大部分高校的商务英语专业都缺乏这方面的考量,导致商务英语专业课程设置的专业性不强,无法适应社会某一类岗位的专业性要求。

（2）教学方式脱离实际

商务英语专业的学生就业大都需要以英语作为工作中的常用工具,这就要求教师在教学过程中必须注重学生英语应用能力的提高,即商务英语教学的目的是提高学生的英语应用能力。目前,我国商务英语专业的教学活动仍是以既定的教材内容为主,缺乏足够的实践内容,导致很多学生在校期间能够取得很好的成绩,但是在岗位实践过程中无法灵活应用掌握的专业知识。出现这种情况的直接原因是我国长期以来形成的高校教育环境,高校教育大都是"象牙塔"式的环境,教学内容缺乏与社会实践的有效结合。商务英语专业由于就业范围较广,部分教师在教学过程中难以找到合适的切入点,只能按照教材既定内容开展教学。

（3）缺乏完善的考评机制

在教育活动中完善的考评机制是推动教育事业健康发展的关键,目前,我国各大院校的商务英语专业都存在考评机制不完善的问题。高校考评机制包括两部分:

①针对学生的考评机制,商务英语专业学生未来的就业岗位绝大部分都更加倾向于英语口语的应用,但我国目前绝大部分高校的商务英语专业的学生考评仍是以纸质考核为主,这就导致教学过程中学生实际能力的提高与考评机制脱节,考核无法有效地体现出学生的学习情况,会打击到学生的学习积极性。

②针对教师的考评机制,商务英语专业相关教师的考评在一定程度上是受学生就业率影响,这就导致部分教师在教学过程中容易忽视学生的实际需求,更加倾向于社会热门行业的教学,会影响到商务英语专业的健康发展。

(4)缺乏对学生的就业指导

高等教育不同于义务教育学生有充足的时间来安排自己的学习,同时商务英语专业又是一个就业面较广的专业,因此在商务英语专业教学中教师要结合每个学生的特点进行科学的就业指导,以此来帮助学生更好的规划自己的学习计划。目前,各地高校的就业指导大都只为即将毕业的学生负责,无法有效地发挥就业指导工作的价值。高校的就业指导工作是为了帮助学生更好地规划自己的学习生涯,因此高校的就业指导工作应该更加注重对低年级学生的关注。在开展就业指导的过程中,相关教师要先与各科教师进行积极沟通,掌握每个学生的具体情况进而再与学生进行沟通充分了解学生的意愿,综合两方面的信息给出就业指导,以此来指导学生的学习生涯。

3.商务英语专业开展人才培养的途径

商务英语专业开展人才培养的关键在于充分结合教学发展以及学生的特点开展教学活动,在这个过程中有两个关键点分别是教学发展与学生的特点,所谓的教学发展可以理解为教师对于商务英语专业教育的认知。近年来商务英语专业教育开始不断向着实践化、应用化的方向发展,这就要求教学活动也必须向着实践化的方向发展。所谓的学生的特点可以理解为开展商务英语专业教学需要落实个性化教学,以此来保障每个学生在学习过程中都能够有所收获。商务英语专业教学活动的根本目的就是培养提高学生的英语应用能力。

(1)科学开展就业指导

商务英语专业就业范围较广,这就要求学生在学习阶段就要完成自我的职业规划,并根据自己的职业规划开展学习。绝大部分学生在学校学习阶段由于对自己以及社会认识不足,导致其难以科学、完善地制定自己的发展规划,因此为了推动商务英语专业的教育发展,学校需要为学生提供完善的就业指导,通过结合本专业的发展以及学生自身的特点为学生提供就业指导规划,并根据学生的规划来指导学生的学习。例如,学生有意向从事外贸领域的工作就要指导学生加强对全球营销、国际商务等内容的学习;学生有意向从事教育类的工作就要加强对教育相关课程的学习……学校在开展就业指导的过程中要充分结合本专业近年来的就业情况以及学生自己的意向，在尊重学生的前提下，最大限度地保障学校的就业率。

（2）围绕就业岗位开展人才培养

虽然近年来大学生就业普遍不景气，但是大多数院校英语专业毕业生的就业率仍然保持在90%以上，就业前景比较乐观。毕业生在走上工作岗位后，大都能发挥他们的外语优势，受到学校、外事部门、公司企业等用人单位的重视和欢迎。随着我国经济发展进一步加快，我国和世界的联系也会加强，在一个较长的时期内，英语专业仍会继续保持良好的就业前景。

（3）结合实践开展教学活动

商务英语专业本身就是一个比较倾向于应用的专业，因此在教学过程中要充分结合实践来开展教学活动。结合实践开展教学活动需要从以下三方面入手：

①建立以学生为主体的教学体系，教师与学生在课堂上的关系是引导与被引导，也就是教与学的关系，以学生为主体开展教学活动，能够把握课程重点，提高课堂教学质量。在具体的教学活动中就是指教师在授课过程中要结合学生的发展需求来完成教学活动，如学生有意向从事对外贸易类的工作，教师就要结合对外贸易的具体工作内容来开展教学，以此来保障教学质量。

②要建立完整、系统的课程规划，教师在进行课程设计的过程中要从学生的角度来设计，强调学生个性化的全面参与，突出课程的综合性，重视学习活动的水平，结构和方式，所以学生的心理活动也是至关重要的。例如，某学生以教研类工作为自己的职业方向，在进行商务类课程授课的过程中，就要从教研工作的商务属性来入手，以此来提高学生对于该课程的积极性。

③教师要加强与毕业学生的沟通交流，学校的教学活动与实际的工作相比总有差距，与已经走上工作岗位的学生交流能够更加有效地了解到行业变化，及时优化自己的课程。

(4)建立健全考核评估体系

完善的考核评估体系是商务英语专业健康发展的关键,借助完善的考核评估体系能够有效激发学生的学习积极性,提高教师的教学积极性,因此完善的考核评估体系应该包括两个方面,即针对学生学习情况的考核与针对教师教学工作的考核。针对学生学习情况的考核需要从本专业的教学目标入手,即以学生的英语应用能力为最核心的考核目标,针对目前考核评价体系中过分注重纸质考核的问题,学校应引入更加贴合实际的口语对话考核,以此来更加真实地体现出学生的学习情况。针对教师的考核评估体系,建议放弃单一的以学生就业率为标准的考核体系,结合学生的评价与公开课的内容来建立对教师的评价体系。从学生与教师的角度出发建立完善的考核评估体系能够对学生的学习情况与教师的教学情况进行有效的监督,能够推动商务英语专业的进一步发展。

综上所述,当下商务英语专业仍有较大的社会需求,各大高校为了满足社会对于高水准商务英语人才的需求需要结合实际情况开展教育改革,从学校、教师、学生三方面入手,全面推动商务英语专业的发展。高水准的商务英语不仅能够帮助学生更快地走上工作岗位,更重要的是有助于推动我国更加高效地融入全球化的浪潮中,对于我国社会主义市场经济的繁荣有积极意义❶。

（二）商务英语复合型人才能力素质模型构建

我国新文科建设自2019年起正式启动,旨在将新技术融入文学、语言、哲学等专业,以实现跨学科的复合型学习和人才培养,进而推动人文科学的创新性发展。在新时代背景下,国家和社会对人文社科类专业也有了新的需求,文科专业需适应新的发展形势,以满足新时代的需求。其中,外语学科的发展方向是利用新技术与其他学科进行交叉融合,发挥自身的特色,共同应对国家社会发展中的问题,培养具备复合型能力的国际化创新人才。

---

❶钮敏.商务英语专业人才职业能力培养模式研究[J].中国科技期刊数据库科研,2022（11）:33-36.

因此,商务英语专业应基于其外语优势,与其他学科进行深度的交叉融合,强化复合型的商务英语人才能力素质,以满足社会对商务英语复合型人才的需求。随着新文科建设在高校的推进,对外语专业学生的素质要求也引发了人们深入思考。学者们认为,新文科建设对外语专业学生素质的要求主要表现在以下三个方面:

①应具备跨学科的交叉融合能力,能够整合文理学科知识,突出"复合型"特征,体现"中国特色",实现新交叉、新功能、新范式、新路径,具备跨学科国际化的复合型优势,以及对外国际传播的能力,能够讲述中国故事,传播中国声音,有效服务于国家的对外传播体系建设发展。

②新文科建设还要求学生具备一定的数字化素养,即应具备基本的人工智能素养和大数据思维,掌握数字化技术,合理运用数字化成果,服务于地方产业的数字化转型升级。

③文科学生的文化素养是其根基所在,优良的文化素养也体现了文科学生所具备正确导向的价值观。新文科建设是形成国家民族文化自信自觉的主要阵地和方式之一,这就要求广大文科学生应具备宽广渊博的中华传统文化知识、历史知识、文学知识、艺术知识等,并将之运用在职业场合中。

在国际交流沟通合作中,商务英语人才应体现出中国智慧和中国文化。因此,研究新文科背景下国内商务英语人才能力素质模型的建构具有重要意义。

1.国内商务英语人才能力素质培养现状

我国一直致力于提升商务英语人才的能力素质。近年来,众多学者从知识能力的角度,深入探讨了商务英语人才培养与能力提升的路径,使我国商务英语专业人才素养得到了显著的提升。然而,对照新文科的标准,我们仍然发现存在一些不足之处。

(1)跨学科知识融合性有待加强

在新文科建设的核心任务中,培养跨学科复合型人才占据着至关重要的地位。这一转变标志着教育重心将从传统的人文社科教育向更广泛的综合性跨学科能力培养的过渡。作为新文科建设路径之一,复合型商务英语人才能力素质的培养同样受到了高度重视。然而,当前国内商务英语人才能力素质培养仍面临一些挑战。为避免教育模式过于单一以及跨学科知识融合不足的问题,我们亟须对课程体系进行进一步的优化和调整。

商务英语复合型创新人才的培养,应积极推动跨专业、跨学科的深度融合。在保持语言专业基础扎实的基础上,我们应鼓励人才突破学科界限,实现多学科的融合与交叉,全面提升"外语+"的能力素质。这将有助于培养出具备高度复合型综合素养的新时代人才,为我国的教育事业和人才培养做出更大的贡献❶。

(2)数字化素养有待提升

《普通高等学校本科商务英语专业教学指南》明确定义,数字化信息素养作为商务英语人才的核心能力素养,其重要性不容忽视。新文科建设的核心特质不仅在于推动不同学科间的交叉渗透,还在于实现数字技术与人文社科的深度融合。在信息技术日新月异、产业数字化飞速发展的时代背景下,商务英语人才必须具备数字化信息素养,形成数字化思维,有效运用各类数字资源与技术工具。同时应深入掌握大数据、人工智能等跨学科知识,强化商务大数据分析能力,为各行业数字化转型升级提供有力支持。

(3)文化素养及跨文化交际能力有待进一步培养

在商务英语人才培养中,文化素养作为核心素质之一,具有不可忽视的重要性。当前,商务英语人才在跨文化交际能力方面仍有待提高,这凸显了文化素养和跨文化知识在能力结构中的重要地位。在全球化的背景下,商务英语人才应不断地提升自身的文化修养,增强跨文化交际能力,以适应文化多样性,有效地在不同文化间进行沟通交流。这不仅有助于展现良好的中国形象,还能更好地传播中国的独特故事。

因此,在现有的研究基础上,有必要进一步加强商务英语人才的复合型能力素养、数字化素养和文化素养等方面的培养。同时,构建新文科建设背景下的商务英语复合型人才能力素质模型也是一项迫切的任务。

---

❶李娟.新文科背景下商务英语专业学生跨学科能力培养研究[J].大学,2023(23):69-72.

通过这一模型,我们可以更系统地指导商务英语人才的培养,全面提升他们在全球化环境中的竞争力。

2.商务英语复合型人才能力素质模型构建

在新的历史背景下,我国亟须培育具有国际视野的人才,推动我国的全球化进程。这不仅需要我们向世界展示中国的魅力,更需要我们以全球化的视角来讲述中国的故事。面对这一挑战,商务英语人才的培养显得尤为重要。

根据新文科建设的指导思想,商务英语人才应当兼具多学科背景,强化实践操作能力,并具备宽广的国际视野。这样的复合型创新人才,不仅要拥有丰富的知识储备,还应具备应对复杂多变国际环境的能力。

为了更好地培养这类人才,我们需要先明确商务英语复合型人才所需具备的核心能力和素质。在此基础上,构建一个适应新文科背景的商务英语复合型人才能力素质模型。

这个模型不仅汲取了麦克利兰提出的能力素质理论,还借鉴了STEM教育理念。STEM理念强调科学、技术、工程和数学四个学科的交叉融合,打破传统学科界限,以培养具有跨学科背景的创新人才为目标。这与新文科建设的目标不谋而合。

因此,结合STEM理念和商务英语人才培养的实际需求,我们提出了一个三维度的能力素质模型:一是整合性知识结构,注重知识的系统性和完整性;二是综合素养结构,强调个体在全球化背景下的跨文化交流能力;三是实践导向能力结构,注重实践操作和问题解决能力的培养。

这一模型为商务英语人才的培养提供了清晰的方向和具体的实施路径,有助于培养出更多符合新时代要求的复合型创新人才。

(1)整合性知识结构

①语言知识及商务知识。商务英语人才在培养过程中,需要扎实掌握语言知识这一核心要素。这些知识涵盖了词法、句法、语篇、语义、语音、语用、语言与文化、语言与认知、语言与社会以及语言与文学等多个方面。除了语言知识,商务英语人才还应具备口语交际和文书写作等实际应用能力,以满足工作场景的需求。此外,商务知识也是商务英语人

才不可或缺的一部分,包括金融学、经济学、管理学、会计学、人力资源管理、组织行为学、跨境电商、企业伦理、国际营销、国际商法以及国际商务等方面的知识。

②历史文化与跨文化知识。商务英语人才需深度掌握中国传统文化、历史与社会文化知识,同时需了解外国社会文化与历史文化。在跨文化领域,商务英语人才应具备中外商务文化、礼仪文化以及跨文化交际与沟通等多元知识,并具备国际传播与人力资源管理等实际操作能力。

③跨学科知识。商务英语人才作为具备跨学科背景的复合型人才,除掌握语言和商务知识外,还应具备广泛的其他学科知识。在发挥外语优势的基础上,商务英语人才应深入了解国际商法、国际政治、国际谈判、国际传播、大数据、信息技术、人工智能、计算机编程以及数理统计分析等领域的知识。这些知识应相互融合,并形成一套完整的跨学科知识体系,以提升商务英语人才的综合素质和应对复杂多变商业环境的能力。

(2)综合素养结构

①爱国情感和国际视野。商务英语复合型人才应深植爱国情怀,在任何场合都要坚决维护民族利益和国家尊严。他们应以传播中国声音和中国智慧为己任,展现中国青年的优秀精神风貌,积极为新时代的国家现代化进程贡献青春之力。同时,商务英语人才还应具备宽广的国际视野,尊重各国文化差异,熟悉英语语言背景下的文化内涵,通晓国际规则和交际惯例。他们应以全球视角看待并解决问题,秉持着世界情怀,为推动全球化进程发挥积极作用。

②数字化思维和思辨意识。在当今信息大爆炸的时代,商务英语专业人才需要具备数字化思维,善于利用各类信息数据,强化思辨意识,保持独立思考能力。数字化思维不仅包括对信息技术、人工智能、云计算、大数据分析与预测等理工科知识的掌握,还要求熟悉和应用各种数字资源,具备运用"数字"技术解决实际问题的能力。而思辨意识则强调从多角度运用辩证的眼光看待问题,培养批判性思维和逻辑分析能力,深入

观察事物的本质和内在联系,以形成独立思考的能力。

③职业素养。商务英语专业人才素质涵盖了专业知识、技能、行为与习惯等多个方面,同时需要具备对所从事职业的热爱、信念与责任感等深层次素质。作为商务英语专业人才,深刻理解和热爱个人所从事的岗位是必不可少的,同时需要表现出高尚的职业道德,拥有坚定的职业信念和强烈的职业责任意识。这些素质的具备对于提高个人和企业在国际商务环境中的竞争力都具有重要意义。

(3)实践导向能力素养结构

①商务实践能力。在当前的商务英语人才培养中,实践能力是一项至关重要的能力素质。商务英语复合型人才必须不断加强自身实践能力的锻炼,尤其是商务英语口语笔译能力、跨文化商务交际能力、商务信函合同阅读与写作能力、跨境电商运营与外贸能力、海外市场拓展与运营、海外市场需求分析、海外客户关系维护与拓展等方面的实践能力。

②人际沟通能力和社交情感能力。商务英语人才在人际沟通和社交情感方面需具备扎实的能力。人际沟通能力是商务场合中的必备技能,要求熟练掌握商务礼仪和礼节,妥善处理各种人际关系,实现高效的人际沟通,并建立稳固的人际情感纽带。社交情感能力则体现为对环境和变化的适应程度。具备社交情感能力的人才能够迅速融入新环境并适应变化,从容应对商业环境中的各种挑战和变数。因此,对于在复杂多变的商业环境中发挥关键作用的商务英语复合型人才来说,具备良好的社交情感能力至关重要。

③终身学习能力。在商务英语复合型人才培养过程中,应注重培养终身学习能力。终身学习能力是个人不断进步的内在要求,尤其在新时代背景下,人才需要具备这种能力以应对不断变化的发展需求。这不仅包括专业知识的持续学习,还包括在生活和实践中的终身学习。通过培养终身学习能力,商务英语复合型人才将能够更好地适应时代的发展和变化,不断提升自身素质和能力,为个人和社会的进步作出更大的贡献。

3.实现商务英语复合型人才能力素质模型的途径和措施

教育部于2018年和2020年分别颁布了《普通高等学校本科专业类教

学质量国家标准》和《普通高等学校本科外国语言文学类专业教学指南》,旨在为人才能力素质培养和评估提供科学依据。此后,教育部在2020年和2021年又发布了《新文科建设宣言》和《教育部办公厅关于推荐新文科研究与改革实践项目的通知》,对新文科建设进行了全面的部署和推进。在此背景下,商务英语专业建设应进一步强化素质培养,提升学生的综合素养、完善整合性知识结构、培养实践导向型能力结构,以适应新文科建设的需要。

(1)建立复合型的多学科知识结构

为适应市场经济建设和新时代社会发展的需求,商务英语专业建设需要采取一系列措施来优化和改进人才培养方案。基于新文科建设的要求和STEM理念的指引,我们应强化商务英语专业的复合型学科知识结构,充分结合自身的办学特色与优势,全面提升学生在多学科领域的知识和技能水平。因此,我们需要培养一批具备跨学科、跨文化、多方位知识结构的高级专门复合型商务英语人才。

为实现这一目标,具体的实施措施有以下两个:

①优化当前的课程体系,紧密结合新文科建设的需求,构建一个跨学科、深度融合、数字技术植入的课程体系。

②打破课程之间的学科壁垒,加强各个课程之间的融合度,以提高学生的综合素质和跨学科学习能力。这些措施将有助于推动商务英语专业的发展,从而更好地适应当前市场经济的建设和新时代社会发展的需要。

(2)注重整体素质提升

为了提升商务英语复合型人才的整体素质,我们应当采取一系列具体的措施。首先,必须坚持立德树人的根本任务,将课堂思政贯穿于课程内容中,以厚植爱国情怀。其次,应通过课堂和任务实践,提升商务英语人才的国际化视野和跨文化交际能力,多开展商业挑战赛、模拟联合国等赛事活动。最后,应运用"互联网+"等一系列信息技术和辅助手段,培养商务英语人才的数字思维意识、运用数字资源解决问题的能力。

在教学过程中,应采用翻转课堂等方式,提升商务英语人才的思辨能力和独立思考能力,并鼓励培养学生的综合跨学科意识,以全面的角度发现、思考并解决问题。同时,应以就业为导向,注重商务英语人才职业素养的提升,围绕职业素养提升开展相关教学等工作,如开设各类职业生涯规划、职业技能课程,鼓励学生去企业实习、实地考察,考取相关职业资格证书等。这些措施旨在全面提升商务英语复合型人才的整体素质。

(3)重视综合能力培养

在商务英语专业的"新文科"建设中,要强调培养学生的综合素质和实际应用能力。因此,我们应深化与企业的合作,邀请业界专家担任实践导师,帮助学生了解企业商务活动的全流程。

同时,我们将与校外企业合作建立实践实习基地,如企业实习基地、跨境电商实训室、商务谈判沟通实训室以及外贸实践实训室等。这些基地为学生提供实践机会,将商务理论与实际商务活动相结合,提高教学内容的实用性和实效性。

此外,我们还将开展丰富的课堂及课外小组活动,如商业案例分析、商业辩论和小组作业等。这些活动将有助于提升学生的公共演讲、口语笔译、商务写作等能力,同时培养他们的领导力、人际沟通和团队合作能力。

通过这些措施,我们旨在培养具备综合素质和实际应用能力的商务英语人才,以更好地适应市场需求和未来的职业生涯❶。

四、商务英语文化协同育人

(一)中外企业文化对于商务英语课程育人影响

1.文化内涵

文化,就是人类记录、传承、创造出来的物质文明和精神文明,它是人类在深入理解后的统一认识。人类在迁徙、生活、战斗、工作和发展中所获得的精神能力和创造的物质成果,都称为文化。有时文化仅指精神财富,如企业家精神,企业文化。此处所指的文化就是人类在生产及发

---

❶贺薇,刘军伟.新文科背景下商务英语复合型人才能力素质模型构建[J].对外经贸,2023(8):91-94.

展过程中所创造的精神文明以及与之相适应的日常行为习惯和制度形态。它是人类相互之间认可的并能传承下去的精神财富，是对客观世界的统一认识和升华。

2.企业文化内涵

文化是一定范围的人类在某一认知事物上的精神能力和精神财富。它能传承、继承和再创新。企业文化是企业从过去到未来的历史，是企业从成立之初的所有生产活动和发展。包含企业所有的物质成果、精神成果和精神财富。企业文化是企业在创立、发展、困境求生中所逐步形成的，并为全体员工所接受、认同。它代表着企业的生产经营理念，员工管理的方式和社会责任。企业文化，既是新员工在入职时必须认同的精神理念，又是老员工能否在该企业获得发展、晋级的先决条件；既是企业管理员工的规章制度，又是企业带领全体员工一起奋斗的号召；既是企业对员工的目标要求，又是企业对社会的承诺。企业文化可以是物质方面的，如企业的生产环境、设备，产品和服务等；企业文化也可以是精神方面的，如企业的生产经营理念，企业的绩效管理制度，企业的服务理念等。此处仅是指企业的精神方面的能力和财富，如企业的宗旨、企业的使命、企业的定位、企业的精神等。

优秀的企业文化，可以树立员工的责任感，激发员工的活力和热情，提高团队凝聚力，增加成果的产出和成就的取得，创造和谐的企业氛围。

3.外语课程对传承优秀传统文化的要求

立德树人是外语人才培养的根本目标，将习近平新时代中国特色社会主义思想渗透到外语的教学中，培养有坚定"四个自信"，家国情怀，有全球视野，有扎实的外语专业本领的复合型外语人才；培养学生系统学习并深入理解当代中国的国情，更好地理解中国各个阶段的发展和成就；提高学生讲好中国文化，推动中国走向世界的能力。

外国语言文学类教学质量国家标准要求学生在知识上掌握习近平新时代中国特色社会主义思想、中国理论、中国实践、中国特色话语体系、中国语言文化等方面的知识，国情和国际发展中的历史、社会、政治、经济、文化知识。能力上掌握跨学科、跨文化的思维习惯与能力，中外文表达能力和外语运用能力,思辨能力、信息技术应用能力、创新创业能力、实践能力、终身学习能力。素质上培养正确的世界观、人生观和价值观,良好的道德品质,社会责任感,人文与科学素养,文化自信,家国情怀,国家意识,国际视野。

4.商务英语教学中常见的中外企业

在商务英语教学中,公司介绍是一个重要的知识板块,中外企业介绍都有现成的真实素材作为参考借鉴,有利于学生商务英语知识、词汇、句子、思想的表达;学生通过学习中外企业,了解中外企业先进的企业文化和价值;通过讲好中国企业文化,理解并传承中国精神、中国价值、中国力量;通过用英语讲好中国故事,推动中华文化走出去。

企业文化反映了企业的核心价值。相同或相似的价值观,会使企业员工对企业有更强的归属感,凝聚企业员工的团队力。与此同时,企业员工也会据此评判自己的行为,检验规范自己的言行举止。企业文化还是企业录用新员工时的隐形评判标准,认同企业文化能为新员工谋得在企业长久发展的机会。商务英语课程的人才培养目标之一是使学生践行工匠精神,强化职业素养,提升职业胜任力,因此商务英语课程中引入企业文化的学习,符合课程思政的育人要求。

5.企业文化协同育人

企业参与国家的经济活动、提供就业机会、推动技术进步。企业文化是各企业智慧和创造力的体现。不同企业的人创造不同的文化。职业人创造了企业文化,也享受企业文化,同时受约束于企业文化,最终又要不断地改造文化。学生都是未来的职业人,是文化的创造者,也是文化的享受者和改造者。在商务英语课程中融入中外企业文化,学习和理解企业文化,其实主要是观察和研究企业的创造思想、创造行为、创造心理、创造手段及其最后成果。

企业文化反映了企业的精神力量,在商务英语课程中协同育人,起到了非常重要的作用。

(1)引导——核心价值观

商务英语专业的学生来自不同的家庭背景,有着不同的人生观、世界观、价值观,在学习企业文化以后,学生会受到企业核心价值观的影响。认同企业价值观的学生,将会受到巨大的激励作用;与企业价值观不相同的学生,可能会受到企业的核心价值观的同化,内化为自己的价值观;不认同企业价值观的学生,则不会去应聘该企业,即使去应聘,该企业也不会聘用或长久录用。如果学生想要入职于某家企业,学习对应的企业文化将会引导学生调整个人的奋斗目标,为未来的职业选择做准备。

(2)驱动——企业精神

在学习企业文化以后,会使学生产生信仰,坚定对企业使命、宗旨、目标的执着追求和坚定信心;会使学生产生使命感,这是我未来想要就职的企业。企业的责任,就是个人的责任,使学生成为堪当民族复兴重任的时代新人;会使学生形成意志力,在学习、考试、实习、就业的过程中,这种意志力将支持学生达成目标。

(3)约束——伦理道德

企业文化所反映出来的企业精神,是社会普遍遵守的伦理道德。比如,沃尔玛追求保持谦虚,诚实守信,公平待人。企业伦理道德通过在学生身上产生自律来发生作用。学生理解并认可企业文化,就会自觉地践行这些伦理道德规范,时刻激励、鞭策自己,在个人利益与班级利益、学校利益、集体利益或社会利益发生矛盾时,指导学生做出正确的决策,形成模范的榜样,有助于学校形成良好的秩序和风尚。

(4)激发——职业素养

例如,亚马逊坚持"以主人翁心态,高标准严要求、全心全意为客户服务",虽然看起来很简单,却是亚马逊取得卓越成就的根本。将企业精神内化的学生,将能激发学生的爱心、奉献精神、热心、进取心、自觉性和创造性。激励学生进行自我实现:促进其实现学习、生活、工作目标与自我价值。激发学生通过知识驱动能力创新,为未来创造无穷的社会价值。

当代的学生是中国先进文化的继承者和践行者,教师有责任深入了解社会生活中企业文化所代表的中华传统文化和中华先进文化,引导学生感受、体会其所蕴含的价值观念、道德规范,让中华优秀文化深入人心，而不是浮于简单的朗读、诵读；教师有责任开展理想信念教育，在介绍企业文化中加强学生对中国梦和习近平新时代中国特色社会主义思想的认识，弘扬民族精神，倡导现代文明，加强学生的爱国意识、集体意识和社会主义意识，引导学生形成正确的世界观、人生观、价值观；教师有责任引导学生对比中外企业文化，学习以企业社会互利价值观为核心的新型价值观，在实践中传承社会主义核心价值观，形成宽广的国际视野，承担相应的社会责任，促进社会发展❶。

（二）中国文化融入商务英语专业教学

深入学习中国文化，对商务英语专业学生的世界观、人生观、价值观具有极为重要的影响，是培养新时代深度理解、高度认同中国文化的商务英语人才的重要手段。

1.中国文化融入商务英语专业教学的必要性

（1）文化对国际商务活动影响

国际商务活动中的文化影响主要体现在表层的礼仪差异，中层的文本、协议及合同中的制度文化差异以及思维特征、价值观方面的深层文化差异。这些差异对商务活动的方方面面都产生着巨大的影响。例如，某个商务词汇表达，需要结合具体的社会文化语境理解准确的含义；国际商标是否能够被他国文化认可，如何既要体现商品的民族特色和个性内涵，又要符合销售市场消费群体的文化、传统和消费观念；在跨文化商务谈判中，谈判人员如何在两种不同的文化波段中整合、理解信息，进行有效沟通，保持文化问题上的谨慎，减少惯性思维、地区习俗、交往禁忌等差异造成的影响；在跨国公司经营中，如何减少文化差异造成的管理协调风险，等等。

在国际市场上推介中国企业与产品时，是否能够恰当传递企业的价值观，使之有别于其他企业与品牌，已成为关键。无法正确地解释公司经营理念、品牌印象中的中国文化内涵，也就难以对两种文化之间的共性进行挖掘，借助共性解释差异，传递中国企业与品牌独有的文化魅力。

---

❶熊祖娟.中外企业文化对于商务英语课程育人影响分析[J].中文科技期刊数据库（全文版）教育科学,2022(12):117-119.

（2）新时代商务英语专业人才的使命

多年以前,商务英语专业学习强调国外商务伦理与规则的学习,大比重地进行外国商务文化输入。传统商务英语教材涉及中国品牌的案例相对较少,鲜有介绍中国企业的跨文化管理与运营的内容。而随着中国经济社会的发展,中国在全球扮演的角色已经发生了巨大的变化,进入了"中国企业走出去,中国制造有影响"格局,亟须构建与经济地位相匹配的中国国际话语体系。因此,新时代赋予了商务英语人才更高的使命:推进中国文化在国际商务舞台上的"推广与传播、理解与接受"。

新时期的商务英语教学需要为国家培养创新型外语人才,服务"中国制造2025"与"一带一路"建设。然而,在国际贸易磋商与交易的过程中,如果不懂如何正确地表达中国的处世风格与为人哲学,中国的业务员更倾向于跟随外国商人的步伐解决问题,迁就国外客户要求,无法学会自己的文化规则。因此,新时期的商务英语专业教学,需要帮助学生深入理解中国文化的内涵,处理好在不同文化中的自我身份。

2.中国文化融入商务英语课堂的路径

（1）构建商务英语专业中国文化教学体系

①以中国文化课程的教学为核心。中国文化课程是指商务英语专业独立开设的,使用英语专门讲授中国文化知识的一门专业文化类理论课程,课程内容包含中国文化的起源、发展、主要内容、精神特质及影响,旨在丰富学生的中国文化知识,培养学生对中国文化的认知和理解能力,提高文化继承、传播、分析与批判意识,从而提升学生的跨文化交际能力。该课程是商务英语专业的专业必修课,教学内容包含:文化内涵、传统文学、艺术、科学、健身、节日、服饰等方面。通过该课程,学生在课堂上既学习了文化,又了解了曾经熟知的内容原来用英语是这样描述的;在学习过程中不仅领略了中国文化的来龙去脉,也更能领略到中华文明五千年的魅力。

单独开设的中国文化课程能够为学生展示较为清晰的中国文化脉络,但是任课教师也表示在有限的时间难以带领学生领略中国文化的厚重。主要原因是学生既要掌握相关术语,又需要理解文化现象背后的精神内涵,还要能够解释文化的成因与影响,形成正确的母语文化价值观念。仅靠一门课程远不能够实现上述目标。因此,中国文化的体系还应在专业其他课程中找到融入点。

②以专业课程中的中国文化教学为补充。商务英语专业课程的中国文化教学,是结合专业课程的特点与专业学习内容,以专业技能知识为载体,在合适的课程单元中融入中国文化,借助课堂学习与讨论引导学生主动认识母语文化,理解接触多种文化,并能够自主适应,在多元文化世界里确立自己的位置,形成"文化自觉"。

目前,已有教师开展了中国文化教学融入课堂的教学实践,并取得了一定的效果。陈宁在跨文化商务交际课堂中引入了中国传统文化中"天道酬勤""勤俭节约"的探讨,引导学生传承中华民族吃苦耐劳的美德。唐慧利等在商务英语视听说课程中以"华为故事"为例,探讨了中国的民族精神。闵翠在综合商务英语课程教学内引入了中国服饰、食物、节日等内容的学习。李凌在国际市场营销课堂上以涩泽荣一为例探讨了中国文化对世界企业家的影响,从而帮助学生培养文化自信。

由此可见,专业课程中的中国文化教学,结合课程特点围绕中国文化的某一特定主题提升学生的中国文化意识。由多门课程进行串联,形成隐形的中国文化教学课程链,弥补了中国文化作为单一课程学时不足、探讨不深的问题,实现商务英语专业学生中国文化教学的整体贯穿、全面覆盖。实现在整个专业课程框架下,专业能力与文化认知的全面融合,知识体系与价值体系的有机统一。

(2)整合中国文化教学目标与内容

中国文化教学应有整体目标,培养学生的中国文化自觉意识,坚定文化自信,增强跨文化交际与传播能力。具体整合步骤为:"串""去""补""深"。

首先,梳理商务英语专业教学中分散在不同学期、不同时段进行的各个专业课程中的单元学习内容,在整个中国文化教学目标下串联相互关系,实现教学内容的衔接。其次,根据专业课程开设的先后顺序,优化中国文化教学的内容及难度,去除重复知识、重复活动,从而提高中国文化教学的整体效果。最后,结合专业人才培养目标,补充整个课程体系中缺失的部分。例如,中国儒商精神作为中国商务文化的关键,在大部分语言课程和商务课程中鲜有涉及。当高年级学生在独立开设的中国文化课堂中进行学习时,所涉及的教学内容有的放矢,实现能够透过文化现象深入探讨价值内核,形成文化自觉。

(3)拓展中国文化教学资源与形式

①加强中国文化教学的资源建设。商务英语专业的中国文化教学应能够和专业课程教学内容紧密结合,目前,国内已有根据中国文化编纂的教材,但是商务英语专业的相关案例库依然较少,需要依靠教师及课程教学团队结合课程教学本身进行挖掘、积累并更新。中国文化教学资源的建设不仅需要借助教材中的经典案例、历史上的经典人物、新闻中的成功企业,还应关注网络热点讨论、地方特色文化等内容。另外,企业在"出海"后遇到的各种文化差异也是商务英语专业中国文化教学的重要来源。良好的中国文化教学资源积累能够使中国文化教学更加深入与生动,让学生通过学习了解并传承中华优秀传统文化。

以平顶山学院跨文化商务交际课程为例,其中国文化教学以前期课程为铺垫,透过现象分析文化的本质。更新后的课程,每个单元均围绕一个特定的中国文化主题进行探讨,选取的中国文化案例既有身边故事,还有广为熟悉的中国企业与民族工业。这些真实有趣、故事性强的案例不仅能够帮助学生了解中西方商业文化价值取向差异,而且能够提高学生的文化批判思维。

②丰富中国文化教学的形式。立足于中国这一孕育中国文化的土壤,中国文化的教学具有天然的优势。中国文化的教学形式不应仅满足于普通课堂。开展商业文化专题讲座,邀请社会各界力量,尤其是商界知名人士或有大量国际商务实践经验的专业人士分享故事,讲述自己工作中的文化故事,以及作出的选择,与学生开展互动,巩固中国文化课堂教学的成果。同时,可以借助配音、演讲、戏剧、文化社团、校园内的文化展会等丰富多彩的校园活动,将中国文化教学延伸至课外,构建真实课堂、第二课堂和网络课堂等多元教学模式。另外,中国文化不应仅停留

于学校内。除学校开展的教学之外,还应利用各类由企事业单位、民间团体、非营利组织开展的各项校外中国文化活动,鼓励学生积极参与提升中国文化的认知;鼓励学生利用假期参与身边的中国文化活动与推广项目,践行专业知识服务于中国文化传播的新时代使命,通过学生的亲身体验深化其对中国文化的认知,实现自身的文化自省与文化自信。

中国文化对商务英语专业学生未来职业发展,处理跨文化交际问题的方式与策略具有极为重要的影响。然而,目前的商务英语专业教学虽然意识到中国文化的重要性,但却未能从专业整体视角构建其教学体系。因此要积极开展中国文化融入商务专业教学的探索。中国文化融入商务英语教学的关键在于厘清语言、商务与中国文化之间关系,梳理对商务英语专业学生未来发展较为重要的文化内容,树立学生的文化自觉意识与文化自信精神。通过构建商务英语专业中国文化教学体系、整合教学目标与内容、拓展教学资源与教学形式,全面提升商务英语专业的中国文化教学效果,培养未来代表企业与世界沟通的优秀商务人才❶。

---

❶骆铮.中国文化融入商务英语专业教学的实施路径[J].校园英语,2023(35):34-36.

第三章 互联网背景下的商务英语教学

第一节 "互联网+教育"的核心与本质

一、"互联网+教育"的定义与背景

"互联网+教育",简称"互联网教育"或"互联网教学",是指将互联网技术与教育相结合,借助信息技术手段来进行教学、学习和管理的新型教育模式。通过整合互联网、移动设备、大数据分析等技术,以创新的方式提供教育资源、改善教学流程,促进学习者的自主学习、合作学习和个性化学习。"互联网+教育"的发展得益于互联网技术的迅速普及和发展,打破了传统教育的时空限制,使学习者可以随时随地获取知识和资源。此外,"互联网+教育"也适应了新时代学习者的特点,更加注重个性化、探究式学习,以及培养创新思维和综合素质。

二、"互联网+教育"的本质与内涵

在21世纪这个信息化的时代,"互联网+"已经深入各个领域,教育领域也不例外。那么,"互联网+教育"的本质与内涵是什么呢?

我们要明白"互联网+教育"并不是简单地把传统的课堂教学搬到线上,而是运用互联网技术对教育进行深度的变革。其本质是教育信息化,即利用信息技术优化教育资源的配置,提升教育教学的效率和质量。

具体来说,"互联网+教育"的内涵包括以下几个方面。

（一）教育资源共享

互联网的特性是开放和共享，因此，"互联网+教育"使优质的教育资源得以广泛地传播和共享，打破了地域和时间的限制，让更多人接受高质量的教育。

（二）个性化教学

通过大数据、人工智能等技术，教育机构可以更好地了解学生的学习情况，为他们提供个性化的教学方案，从而提高教学效果。

（三）自主学习

学生可以根据自己的兴趣和需求，自主选择学习的内容、时间和方式，提高学习的主动性和灵活性。

（四）互动教学

借助互联网平台，教师与学生、学生与学生之间可以实时互动，打破传统的单向教学模式，形成互动、讨论的学习氛围。

（五）终身学习

互联网为人们提供了便捷的学习方式，使人们可以持续地学习新的知识和技能，适应社会的发展变化。

综上所述，"互联网+教育"是对传统教育的深度变革，它借助互联网技术优化教育资源的配置，提高教育教学的效率和质量，为人们提供更优质、更便捷的教育服务[1]。

三、"互联网+教育"在教育领域的应用现状

"互联网+教育"在教育领域的应用已经取得了显著的成果，涵盖了各个教育层次和领域，如Coursera、edX、慕课等在线课程平台为学生提供了丰富的课程资源，让他们可以跨越地域限制进行学习。同时，高校也逐渐采用在线学习管理系统，方便教师发布教材、作业，与学生互动。基于大数据和人工智能技术，个性化学习平台可以根据学生的学习情况和兴趣，量身定制学习内容和进度，提供更加有针对性的教学。"互联网+教

---

[1]廖金莲."互联网+教育"背景下中职商务英语专业学生英语自主学习能力调查研究[D].长春:吉林外国语大学,2022.

育"也促进了远程教育的发展,使学生能够在不同地点参与学习,尤其对偏远地区的教育资源补充具有积极作用。"互联网+教育"为科学、工程等实验类课程提供虚拟实验室和模拟环境,让学生能够在计算机上进行实验操作和模拟情境,从而提升实践能力。在线考试和评估系统可以更方便地对学生的学习成果进行测评,同时减轻教师的阅卷负担。总体来说,"互联网+教育"正逐渐改变传统教育的方式,为学生提供了更加灵活、多样和个性化的学习体验,同时为教育者提供了更多的教学工具和方法[1]。

第二节　互联网背景下商务英语教学的机遇和挑战

一、商务英语教学现状及思考

鉴于社会对商务英语的高度需求,当前高校英语专业中,商务英语已成为热门的专业方向。这不仅揭示了社会对兼具语言技能与专业知识复合型外语人才的需求持续增加,而且也暴露了在对外开放的大背景下,商务英语受到了一定程度的急功近利式的追捧。这也导致部分人对商务英语产生了盲目的崇拜,从而引发了诸多潜在的不合理因素。因此,商务英语教学在诸多方面仍存在不少问题,亟待改进与完善。

(一)学生的英语综合素养问题

在长期观察商务英语专业学生的学习过程中,笔者发现学生在英语综合素养方面存在一些不足之处,具体表现在以下几个方面。

1.阅读习惯不良,阅读能力不强

在广大学生的阅读习惯中,存在着一些不良现象。这些不良习惯包括低声诵读、默读、用手指着文字阅读、逐字逐句阅读、回读、查阅字典以

---

[1]李诗瑶."互联网+教育"背景下的学生行为模式与学习效果关系研究[J].互联网周刊,2023(17):64-66.

及下意识地将阅读材料翻译成母语等。这些习惯都不利于培养良好的阅读理解能力。

另外，许多学生在进行商务英语的阅读时，存在阅读理解和分析能力差的问题。他们在处理阅读材料时，往往只注重对语言点的分析和学习，而忽略了整体的语境和文章的实际背景。他们仍然采用传统的自上而下的解读模式，只逐字逐句地解读单词和语法点，却对文章的内容和主题把握不足。这种忽视篇章结构的做法，严重阻碍了学生阅读理解能力的提高。

因此，我们需要强调的是，商务英语阅读与普通英语阅读是有所不同的。在处理商务英语阅读材料时，不能简单地将阅读普通英语文章的方法套用过来。我们需要从整体上理解文章，把握文章的主题和实际背景，而不仅仅是关注语言点的学习和分析。

2.商务词汇量不足

在商务阅读中，我们常常会遇到大量的经济、贸易、商务和社交等专业术语。这些术语在普通英语阅读中可能并不常见，其含义也可能会与日常生活中的用法有所差异。同时，在商务英语中还存在许多日常生活不常用的专业术语。由于大部分学生的专业词汇和专业表达经验有限，他们往往只能按照一般文体的语义去理解商务情景下的表达意义。这样不仅会使学生感到困惑，还可能导致他们对整个文章的理解出现偏差。例如，"dumping"一词在普通英语中通常表示"倾倒垃圾"，但在商务英语中，它通常表示"向国外倾销商品"。

此外，一些学生在阅读过程中过于依赖字典，这不仅会分散他们的注意力，还可能使他们失去阅读的兴趣。而且，商务阅读文章中存在大量关于商务方面的专业术语，这些术语甚至在中文里都难以理解。如果学生一开始就对题目感到困惑，他们的阅读兴趣很可能会大大降低。以这种心态去阅读文章，只会让学生感到力不从心。

因此，为了更好地进行商务阅读，学生需要不断积累专业术语，并理解这些术语在商务环境中的特定含义。同时，他们需要培养耐心和专注力，以便更好地理解和消化文章内容。

3.专业背景知识贫乏

在教育实践中,我们发现即使在给出专业术语和其他生词解释的情况下,部分学生仍对文章内容感到困惑。究其原因,商务英语虽然属于英语语言学科的一个分支,但其内容常常涉及对外经贸、国际商法、经济、金融等多个学科领域。这就要求学生具备相关专业的知识基础,以便进行有效的阅读。然而,许多学生作为初学者,对商务知识掌握有限,更缺乏相关的商务实践经验,这无疑构成了他们阅读过程中的障碍。

由此可见,学生阅读能力不足不仅源于词汇量不足等纯语言问题,还与外贸业务流程及背景知识掌握程度密切相关。因此,在商务英语阅读过程中,缺乏必要的商务知识作为支撑,商务阅读的推进将面临极大的困难。对于材料中涉及的相关知识、发展历程、最新进展以及未来趋势的理解和把握,对于学生真正理解文章内容至关重要。

(二)教学实践中存在的问题

商务英语作为一门专门用途英语,其教学具有独特性。学生普遍希望通过语言学习来掌握商务知识,这使阅读技能的训练和商务知识的教授成为课堂教学的主要内容。然而,这两者在课堂教学中难以区分主次,更难以有效融合。商务英语阅读教学在体现语言特色和商务特色方面仍面临诸多挑战。当前,商务英语教学实践中仍存在很多问题,需要进一步研究和解决。

1.不能调动学生学习的主动性

商务英语教学的特性在于其融合了普通英语与商务专业知识。该领域涵盖经贸、金融、会计、保险、税务、运输、法律及管理等诸多方面,知识体系广泛。在有限的课时内,仅依赖教师的课堂讲授是远远不够的,学习者的自主学习至关重要。若学习者在学习过程中缺乏独立性和主动性,过于依赖教师,习惯被动接受知识,也将导致其学习效果受限。

目前,许多院校的商务英语教学方法仍以传统的"以教师为中心"的模式为主。在此模式下,教师成为课堂的主导,负责讲授知识,学生则处于被动接受的状态。这导致学生在课堂上保持沉默,缺乏参与实践与讨论的积极性,从而严重影响学习效果。因此,也就有必要对现有的商务英语教学方法进行改革,以提升学生的学习效果。

2.教学效能较低

随着高校招生规模的逐年扩大,班级人数持续增加,尤其在英语教学班级中,多数班级人数已超过50人,甚至更多。这种趋势给商务英语教学带来了前所未有的困难与挑战。学生们的英语水平、兴趣和参与课堂活动的积极性各有不同,使统一的教学任务难以满足所有学生的学习需求。此外,现有的教材也难以完全符合所有学生的实际水平,导致教师的教学效果无法保证全体学生的有效学习。

与此同时,社会和学生对于商务英语教学的期望值也在不断提高。他们期望在最短的时间内获得最有效的商务英语培训,以便在商务场合能够自如地运用英语进行交流。这种期望与当前的教学现状形成了鲜明的对比,使商务英语教学面临的挑战更加艰巨。

3.缺乏交际能力的熏陶

商务英语教育在培养学生语言能力的同时,需注重培养其跨文化交际能力。这样,学生在毕业后方能熟练运用英语进行跨文化交流。为此,教师需在教学过程中融入跨文化交际的意识,以提高学生的文化差异敏感性和适应性。我们还需鼓励学生在课外自主接触西方文化,通过报纸、杂志、电影、电视和网络等多种渠道,潜移默化地了解西方文化。这将使学生在对比中西方文化的过程中,形成独特的跨文化意识,从而在商务活动中自如地进行跨文化交际。

4.教学情境缺乏

商务英语的特点在于其广泛应用于商务环境中,其教学重点在于模拟真实的商务情境。因此,商务英语教学应以分析学习者的目标环境为起点,让他们身临其境地体验商务情境,从而激发他们的学习热情,积极参与课堂活动。这就要求教师在教学过程中模拟真实的商务场景或将学生带到真实的商务场景中去,让他们亲身体验。然而,在现实教学中,一些教师过于强调语言本身的学习,如语音、词汇和语法等,而忽视了商务英语的核心定位——语言能力。此外,由于难以获得真实商务背景下的教材辅助材料,如公司年度报表、会议记录和纪录片等,这也给教学带来了一定的挑战。

（三）教材问题

在商务英语学科不断发展的背景下，其课程设置也经历了显著的变化。传统的"外刊选读""外贸函电"和"外贸口语"三门基础课程已经逐渐演变为一个更为综合的课程体系，涵盖了管理学、经济学等核心学科内容。这一转变对商务英语学科的教材建设提出了更高的要求。

目前，各高校所采用的商务英语教材主要分为两类。一类是由国内主流出版社直接从国外引进的管理学、经济学、金融学、会计学和MBA系列英文影印版书籍，如上海外语教育出版社引进的"国际商务简明教程系列"；另一类则是国内学者为适应商务英语教学需求，根据原版教材进行改编或自行编写的教材，如对外经济贸易大学等高校联合编写的"商务英语系列教材"，由高等教育出版社出版。

然而，不论是引进的还是自编的商务英语教材，都存在与国内商务英语教学现状脱节的问题。这在一定程度上限制了商务英语教学的效果和质量，亟须得到有效的解决。因此，未来的商务英语教材建设应当紧密结合实际教学需求，加强与国内外相关领域的合作与交流，确保教材内容的时效性和实用性。同时，需要加强教师培训和教学研究，推动商务英语教学不断创新和发展。

1.教材选材难度不一，缺乏时效性

商务英语阅读教材在内容选取上，通常以理论性较强的原版书籍、主流报刊和业界有影响力的网站为来源，旨在满足具有一定商务知识基础和经营管理经验的专业人士的阅读需求。对于初涉商务英语的学生而言，由于教材难度较大，可能存在一定的学习挑战。此外，部分商务英语阅读教材在内容上存在重复现象，与商务英语等课程的内容有所重叠，这在一定程度上影响了学生的学习体验。同时，由于商务事件的不断更新，时效性成为教材选材的重要考量因素。然而，一些教材中选用的新闻已经过时，无法保证时效性，这也对学生的学习造成了一定的困扰。

2.教材编写模式单一，缺乏实用性

目前，国内市场上的商务英语阅读教材琳琅满目。然而，其中许多教材只是对商务文章的简单汇编,缺乏整体布局和系统性的组织。这类教材无法为教师提供有效的教学辅助,也无法为学生提供明确的指导,其实用性也有待提高。商务英语阅读课程的教材建设并不仅是素材的简单汇集,而应该包含相关的背景知识介绍、文章深入的解读与分析、阅读理论及技巧的精练点拨,以及全面的配套练习。在选择教材素材时,应注重整体规划,确保内容的连续性、逻辑性和系统性。

3.教材配套练习单一,缺少系统性

商务英语阅读教材在练习设计上普遍存在单一现象,过度强调精读练习题的训练,侧重阅读材料内容的理解。然而,这些教材往往在背景知识补充方面有所欠缺,同时缺乏系统的阅读技巧介绍和有针对性的实践练习。教材中许多话题讨论过于形式化、表面化,缺乏对事件背后深层次含义的解读和分析。此外,教材中几乎未涉及批判性阅读的内容。

究其原因,商务英语作为教育部英语本科目录中的新兴专业,其发展时间并不长。在此之前,商务英语教学一直缺乏一个统一明确的标准。尽管许多学校开设了商务英语系列课程,但它们对于商务英语的学科定位和理解存在差异。一些人将其视为大学英语的重要组成部分,而另一些人则将其视为英语专业的主干专业课。由于商务英语的教学目标、教学对象及教学内容不明确,教材的选择也各不相同,缺乏统一的标准和原则。

（四）教师问题

商务英语教学对授课教师的素质要求极高,教师需具备扎实的英语基础、宽广的知识面和丰富的商务专业知识。然而,当前商务英语教学队伍的状况令人担忧,师资力量匮乏和专业化程度不足已成为商务英语教学的"瓶颈"。

究其原因,主要是商务英语授课教师多由原有的外语系或外语学院的专业课英语教师,甚至是大学英语教师转岗而来。在国内知名院校,英语语言学或文学专业出身的商务英语教师占比超过一半。尽管他们在英语语言驾驭方面具有优势,但在国际经济学、国际法学等专业知识方面却存在明显不足,尤其缺乏实践经验。

这种师资状况导致教师在授课过程中往往难以胜任商务英语职业教育。具体表现为：一是照本宣科，简单问题一带而过，复杂问题避而不谈；二是商务英语课程名不副实，课堂上汉语为主导；三是教学内容让教师感到力不从心，科学的教学方法和教学模式更无从谈起。

解决师资匮乏问题需要从源头着手，不能仅仅依靠速成的方式培养师生。商务英语教学是一个长期同化的过程，需要时间的积累。过于浮躁的心态不利于提高教学效果。同时，应搭建多元化的实践平台，让师生亲身参与商务活动，而不能仅停留在理论教学上。只有通过亲身实践，学生才能更好地理解和领悟商务英语的实际运用。

（五）互联网背景下商务英语教学存在的问题

1.缺乏现代化的教学观念

随着互联网技术的不断进步和应用，商务英语教学面临新的挑战和机遇。在互联网背景下，商务英语教学还存在较多的不足，这些问题严重影响了教学质量的提升。许多教师缺乏现代化的教学观念，而信息化教学已成为当前教学的发展趋势。然而，由于各种因素的影响，商务英语教学的现代化水平仍然较低。此外，社会对人才的信息素质水平要求却越来越高，因此教师在教学中应重视利用信息技术培养学生的信息素质，以提高学生的全面综合素质。考虑学生在生活和学习中高度依赖互联网，提高学生的信息素养水平变得尤为重要。然而，许多商务英语教师的教学观念仍停留在传统层面上，缺乏创新，这严重制约了教学质量的提升。为了应对这些挑战，教师们需要积极更新教学观念，提高自身的信息素质水平，以适应信息化社会的发展趋势。

2.教师教学能力有待提高

在互联网的大背景下，对教师的教学能力的要求在持续提升。当前，商务英语教师的能力与新时代的教学要求仍存在一定差距，因此，若要提升商务英语的教学质量，必须提升教师的教学能力。在信息时代，提高教师的信息教学能力至关重要。教师需善用现代化技术辅助教学，如计算机技术、多媒体技术、网络技术等，以丰富教学内容和方式，进而提升商务英语的教学质量。随着互联网的快速发展，现有的教学信息化技术也在不断更新。因此,教师需要加强对信息化教学技术的学习,并强化其与商务英语教学地有效结合,进而提升教学质量。

3.信息化教学环境不够完善

为了在商务英语教学中更广泛地应用互联网技术,需要先构建一个健全的互联网教学环境。然而,当前大部分学校的互联网环境尚不完善,这在一定程度上制约了商务英语信息化教学的推进。在当前的互联网背景下,实现信息化教学的基础是具备稳定和功能完备的校内网以及网络教学平台。有了这些平台,教师们可以更有效地利用各种教学资源进行商务英语的教学。尽管很多高校在信息化建设方面已经取得了显著进步,但由于信息化教学设备的购置和维护需要大量的资金投入,导致许多学校的信息化教学设备仍然处于初级阶段。这使设备在实际运行中经常出现问题,从而进一步影响了商务英语信息化教学的效果。

4.商务英语教学体系不够完善

相较于普通英语教学,商务英语教学更强调专业性和交际能力,因此教师需着重提高学生的英语专业素养和交流能力。然而,当前多数学校的商务英语教学体系尚不完善,与普通英语教学体系差异不大,这无疑影响了商务英语教学的质量。为体现商务英语教学的特色并提高教学质量,教师需结合商务英语的教学特点完善教学体系,特别是在教学内容、教学方法、课程设备和教学设施方面。

在互联网背景下,学生可随时随地借助网络开展英语学习。因此,激发学生的主体意识在互联网时代尤为重要。遗憾的是,部分高校商务英语教师仍未充分认识到学生的主体地位,导致学生主体意识未能得到有效激发。

此外,在互联网时代,信息更新迅速。为确保教学与时俱进,教师应及时更新商务英语教学内容。然而,现实情况是,鲜有教师能及时更新教学内容,也就导致整体教学与时代发展脱节,进而影响学生的英语能力提升。

5.缺乏良好的商务英语学习环境

商务英语作为一门应用性很强的专业,教师在教学过程中应着重加强对学生英语能力的训练,特别是口语交流能力的训练。因此,构建一个良好的英语学习环境至关重要。然而,目前许多高校在商务英语学习环境建设方面仍有待加强,导致学生无法得到足够的英语锻炼机会。通常情况下,商务英语专业学生在进行口语练习时只能模拟商务场景进行练习,这显然不足以提高他们的口语水平。此外,在日常教学中也缺乏对商务英语口语的针对性训练,这进一步影响了学生的英语水平和未来的就业前景[1]。

二、商务英语教师的机遇与挑战

在互联网的背景下,教育领域必须顺应信息技术的发展,但我们必须清醒地认识到,教师才是教育的核心,而互联网只是一种辅助教学的工具。同时,互联网的发展为教师带来了新的挑战和机遇。对商务英语教师而言,他们需要转变传统的角色、理念和教学模式。

首先,教师需要从知识的传授者转变为引导学生发展的促进者。在互联网时代,学生可以快速获取知识,教师需要更多地培养学生的自主学习能力、合作能力和逻辑思维能力。其次,教师需要从课程的开发者转变为课程的理解者。互联网提供了丰富的课程资源,教师需要善于利用这些资源,并理解其内涵,合理地将它们融入课堂教学中。再次,教师还应成为一名终身学习者。面对信息素养较高的学生,教师必须不断提升自己的学习意识,利用互联网信息技术丰富教学组织形式。最后,教师应积极尝试O2O(线上与线下融合)的教学模式,真正实现因材施教。

总的来说,商务英语教师需要适应互联网背景下的新挑战,通过转变角色、提升信息技术应用能力、利用互联网资源等方式,不断提升自己的专业素养和教学能力。

三、商务英语学生的机遇与挑战

互联网技术作为学习的重要支撑,具有以下显著特征:一是以互联网为核心的信息技术为学习活动提供了有力支持,使学习资源的获取和利用更加便捷;二是学习资源的丰富性和多样性使学习活动得以充分延

---

[1] 宁博.互联网+背景下的商务英语教学[M].北京:中国金融出版社,2022.

展,有助于培养学生的自主学习能力和创新思维;三是利用即时反馈工具对学习效果进行监控,有助于及时调整学习策略,提高学习效率;四是大数据的积累和应用使学习过程进一步优化,为个性化学习和智能教育提供了有力支持。

在互联网环境下,学生的学习观念和形态发生了深刻变化。学生不再是被动接受知识的客体,而是成为学习的主体,具有强烈的主观意愿和问题意识,能够以适合自己的方式进行学习,以与自己相适应的学习习惯进行学习。这种变化不仅改变了传统的学习方式,更在本质上体现了教育的核心价值和发展方向。

同时,我们应看到,学生群体正处在成长的关键阶段,他们具有强烈的求知欲和自我意识,对新鲜事物接受较快。在商务英语教学中,传统的课堂教学模式无法满足学生的学习需求。而互联网教学的优势在于信息源丰富、获取方式便利。只有在网络环境下进行商务英语教学,才能使商务英语教学与时俱进,更好地满足学生的学习需要和社会对人才的需求。

首先,教师可利用网络资源丰富和拓宽教材、教参内容,获取最新的信息,使教学更加贴近生活、实用有效。学生可以通过点击鼠标轻松获取适合自己的学习内容,实现语言知识的连接。在网络教学过程中,学生还可以自主选择测试、与教师互动、解决学习中遇到的问题;同时可以和学生进行互动、互相交流、互相学习。这种灵活的学习方式极大地满足了现代学生自主学习的需求。其次,网络学习时代使学习的趣味性、知识性大增,学生学习的主观能动性得以强化。这为研究性学习的推广提供了物质基础。随着互联网技术的发展,研究性学习所受限制大大减少。最后,互联网使自主学习成为现实。依托网络,学生可对研究对象进行全面多角度观察、调研。通过互联网,学生能够确立主体地位、摆脱被动感❶。

---

❶钟雯.商务英语教学的机遇与挑战[J].中国科技投资,2013(12):244-245.

四、互联网背景下高校商务英语专业人才培养的转型与升级

互联网技术的发展速度不断加快,为各行各业的相应活动注入新活力,也使教育领域产生新突破。互联网背景下,高校商务英语专业人才培养在诸多领域备受瞩目,这是社会获得商务英语专业人才的基础❶。高校在开展商务英语专业人才培养过程中,应制定清晰的人才培养目标,了解高校学生的实际情况,设计针对性的人才培养计划,鼓励商务英语教师探讨相关问题,围绕商务英语教育工作献计献策,为学生带来充满生机的商务英语课堂。但依据高校商务英语专业人才培养现状来看,高校对互联网背景和商务英语的认知程度不足,存在没有围绕商务英语制定实践活动,商务英语的层次不高,师资力量薄弱等问题。在上述问题的影响下,高校商务英语专业人才培养的效率偏低、效果不佳。

（一）互联网背景下商务英语专业人才培养方向的要求

目前,在高校商务英语人才培养的过程中,除确保学生掌握多样化的理论知识外,还要使学生能够将所学商务英语知识应用到实际工作中。互联网背景下,商务英语专业环境产生明显变化,对于人才的需求也与之前有所不同,其体现出广泛性的特点。在此过程中,不仅要保障商务英语专业人才具备比较理想的英语素养,还要了解如何更好地经营管理,对企业的运营管理要求、流程等具有清晰认识,掌握一定的贸易策划技能。互联网背景下,高校商务英语人才培养获得了新契机和新挑战,高校应合理安排学生的商务英语学习时间,将商务英语各个板块的知识调整好,适当融入金融理论、国际贸易等专业知识,着重培养学生的相关技能。

（二）互联网背景下高校商务英语专业人才培养存在的问题

1.定位不清,办学思路摇摆

商务英语专业具有很强的经济价值及广泛的就业面,因为商务这个

---

❶钟雯.商务英语教学的机遇与挑战[J].中国科技投资,2013(12):244-245.

概念本身就具有宽泛的特点,这意味着人才培养获得了更多的机会,但也导致定位不清的问题出现,从而使高校商务英语人才培养陷入新的困境。长期以来,商务英语中的重点是"商"还是"英"是困扰该领域的问题,无论是专业发展理论,还是实际课程设置都没有达成共识,这种争论的存在导致商务英语办学无法顺利推进,从而对人才培养的系统性造成不利影响。

2.培养层次不高

高校的学习时间往往为四年,除去目前大部分院校普遍实施的最后一个学期顶岗实习,真正在校的时间不过三年。在这样的学制内,再除去一些公共类课程,学习商务英语的时间其实并不多。学生学好商务英语,不仅需要语言环境的长期熏陶,也离不开长时间的训练。因此,高校商务英语专业人才培养层次不高的问题比较明显。

3.实践能力不强

互联网背景下,虽然高校商务英语教学较之前相比更具便捷性、创新性,但还没有完全形成合理的课程设置,相关主体对商务英语专业人才培养的现状缺乏深入了解,教学课程和之前相同、教材实效性不足的现象十分突出。教师忽略了对学生商务英语能力、兴趣爱好的分析,设置的课程与学生实际情况产生偏差,所以学生参与的积极性不足,从而限制了商务英语教学活动的价值。此外,高校对商务英语教学的方式大多停留在理论中,没有依据商务英语内容开展相应的实践活动。学生无法走出校园进行实践,那么培养出来的人员也必然无法将其应用于实际。

4.地域性限制强

目前,商务英语专业发展较好的高校主要处于东部、南部,而在中部或者偏远的西部地区,商务英语专业则发展滞后甚至渐渐萎缩,因为该地区学生就业的企业比较少,就业质量较差。

5.师资力量薄弱

影响高校商务英语专业人才培养的因素有多种,而师资力量是关键性因素。倘若高校商务英语教师在专业能力方面有所欠缺,没有较强的素质水平,那么商务英语专业人才培养的质量也会较差。但在目前的高校商务英语教师群体中,真正懂得此类专业人才培养的教师少之又少,部分教师对商务英语教学的重视度不足,没有采用现代化的教学模式,商务英语培养理念与互联网背景要求不符。同时,很多教师忽略了商务英语与学生后续职业发展的关系。仅仅以教学为目的,对学生的培养不到位。高校也没有围绕教师现状开展针对性的培训,导致教师始终难以拓宽自身知识视野,对商务英语教学的掌握程度不足。

目前,高校商务英语教师类型分为三种:其一是语言专业出身的英语专业教师,这类教师数量是最多的,在教学中以语言知识的讲解为重点,但掌握的商务知识较少,存在商务实践经验匮乏的弊端,想要指导学生的商务实践也是心有余而力不足;其二是商务专业的教师,此类教师掌握着多样化的商务知识,但语言功底相对较弱,商务英语教学环节往往用中文表达,从而对学生掌握商务英语语言造成不利影响;其三是具有英语、商务双专业知识背景的复合型教师。这类教师的优势比较显著,不仅专业背景很强,而且商务英语语言基础夯实,可以通过英语很好地讲述商务课程,但目前此类教师在高校商务英语师资队伍中占比极低。

6.未建立合理的实践教学评价体系

在目前的高校商务英语教学中,教师对实践课程的关注度不足,未深刻认识实践课程与学生全面发展的关联性,实际工作中往往采用了国际贸易实务实训的方式,但教学评价方式依旧停留在早期,即教师讲课,学生利用虚拟实务软件进行考核,随后学生按照实际情况进行打分,打分完毕后将会按照要求开展讲评工作,以结果定性评价方式为主,考查学生是否具有较强的记忆力,明确学生复述能力的强弱。其中评价方式存在明显弊端,没有从商务操作中进行全面的考核,忽略了对学生商务沟通的评价,也没有了解学生是否具有较强的团队合作能力,学生商务问题的解决思路、解决能力的评价几乎为空白。同时,这种评价方式的评价内容缺乏统一性,主观色彩比较明显。

(三)互联网背景下高校商务英语专业人才培养的策略

1.革新人才培养观念

互联网背景下,高校急需转变商务英语的错误培养观念,从积极正确的角度看待商务英语,意识到学好商务英语可以为学生未来职业发展带来支持。同时,高校需转变早期的教育理念,将现代化的教育模式融入高校英语课堂中,确保商务英语的效果更佳。在开展商务英语教育活动时,高校应明确教学内容的特点,选择与学生兴趣爱好相一致的教学内容,并积极应用互联网相关概念,明确高校商务英语教育工作中存在的障碍,制定有效措施消除这些障碍,转变学生学习商务英语的态度。并且,教师应注重和学生的沟通交流,将商务英语中的故事情节再现课堂中,使学生围绕商务英语的不同内容进行英语表达;提升商务英语实训教学在课堂中的比重,促使学生的实训能力有所提升;教师应着重培养学生商务知识,拓展学生的商务知识面,为学生讲解目前的国际商务要求及操作规则,告知学生在国际商务操作的过程中应注意哪些事项,引导学生掌握正确的操作流程。

2.改进人才培养内容

互联网背景下,高校商务英语教育活动需紧跟新时代步伐,结合多种要素开展现代化的商务英语工作,高度重视新环境和新特点,有针对性地调整实际工作内容,明确商务英语的特点和实际内涵,引入比较先进的教学内容,有效解决高校商务英语教育工作实效性不足的问题。在实际的教学工作中,教师需分析与学生就业息息相关的教学案例,使学生对社会岗位的需求产生明确认知,能够站在科学的立场上判断实际问题,进一步提升学生的实践水平。在高校商务英语的应用教学中,教师应针对性地帮助学生了解当今社会对商务英语的要求,使其积累更多的经验,鼓励学生以小组形式通过商务英语探讨问题,培养学生的语言能力。此外,教师应针对学生目前商务英语掌握情况进行全面分析,采用适合学生的教学手段,着眼于数字化教学资源,将其融入具体教学中。教学资源建设具有一定的复杂性,相关主体要认识互联网对此项工作的积极影响,提升互联网的使用频率,将互联网作为收集网上名师教学视频的方式,整理好多种多样的资源,按照要求展开分类,使这些资源与数字化平台相融合;同时借鉴互联网共享思维,邀请企业一线技术人员参与高校商务英语教学中,为教学队伍增添新生机。

3.优化人才培养方法

互联网背景下,教师开展商务英语教育工作的过程中,应采用与时俱进的工作模式,避免和新时期高校商务英语教学需求产生偏差。在开展教育工作时,教师应将互联网技术作为主要手段,结合高校学生的兴趣爱好、实际需求,构建针对性的教学情境,并明确学生目前在高校商务英语学习中面临哪些困难,帮助学生制定解决难题的措施。在开展商务英语教育活动的过程中应充分考虑互联网的内涵和发展现状,明确商务英语教育内容和互联网理念的关联性,加大对学生实践能力的培养力度。在培养学生商务英语应用能力时,应从课文内容入手,引导学生认真阅读课文内容,了解课文的中心思想,将所学的商务英语知识学以致用,这也是作文教学中必须关注的一个问题。在改进教学方法的过程中,教师应着眼于互联网环境,从不同视角分析该环境的特点,以互联网平台为主要载体,打破以往课堂教学枯燥的局面,积极利用网络平台,在网络平台中发布有关商务英语的内容,使学生在该平台和教师积极互动,对学生提出的自身商务英语不懂的问题,教师应给予针对性的解答。此外,高校还可以将实践性内容融入商务英语中,加大实训力度,更好地展现学生自身的能力。

4.校企合作的应用

互联网背景下,培养高校商务英语人才的过程中,校企合作具有关键性作用。在今后实际工作中,高校应注重市场调研,将此项工作真正落实,与相应企业之间围绕商务英语人才培养问题展开深层次的交流,明确目前的人才培养计划是否有效,依据企业的需求针对该计划进行调整,进一步提高人才培养质量。高校应以企业优秀的职业精神为核心,全面贯彻德育教育,深刻认识现代企业文化理念的重要性,将上述因素和人才培养环节与实践相结合。除做好商务工作之外,更要为学生讲解该领域的法律法规,告知学生必须保持职业道德,使学生以现代化的视角来看待商务英语。推进校企合作环节时可以让商务英语学生到企业实习,鼓励企业培养学生的实践技能,确保学生获得展现自身商务英语才能的机会,从而为商务英语人才培养奠定基础。

5.提升教师队伍的素质能力

在今后的发展中,高校需组织教师参与多种形式的专业培训。例如,学习互联网背景下商务英语的内涵、流程,为教师详细讲解互联网背景下高校商务英语面临的新挑战,提出培养此类人才的原则、注意事项。再如,以商务英语为主题开展针对性的课题研究,鼓励教师积极参与商务英语专业人才培养交流会,探讨开展商务英语教学时面临的问题,分析其中的原因,共同制订解决方案,还可以与教师分享商务英语专业人才培养时的成功经验和心得体会。感受商务英语对学生发展的益处,从而越来越认同商务英语的育人价值。

长期以来,高校商务英语课程体系比较完善,课程标准成熟性较强,无论是商务英语的基本概念,还是基本理论等,均具有统一的教学标准,也体现出明确的考核要求。在互联网背景下,高校要认识到考评体系与商务英语专业人才培养的关联性,针对培养现状、培养方向展开全面分析,构建相匹配的考评体系。考评体系的评价指标需转变之前单一的方式,从多个角度展开评价,尤其是商务英语育人效果,教师要以量化为核心,不仅要将教学的各个流程作为评价指标,还要高度重视教学质量,评定教师是否具备良好的师德师风。

6.完善商务英语实践教学评价体系

互联网背景下,高校商务英语实践教学的重要性日益显著。在今后的实际工作中,教师应提高对商务英语实践教学的关注度,制定更加科学合理的考核指标,遵循客观公正的原则并展开相应评价。在评价工作开始之前,教师应秉持有利于培养学生综合能力的理念,保障评价的针对性,从学生商务英语的合作能力、商务英语问题的解决思路、解决问题能力、自主学习能力、创新精神等多个方面进行评价,鼓励学生围绕商务英语的学习情况进行互评,还可以使学生采用自评的方式,从而更加清晰明确自身商务英语存在的不足之处,积极学习他人商务英语的优势,取长补短,促使学生的商务英语水平迈上新台阶。

综上所述,互联网背景下,高校商务英语人才培养的重要性更加突出。在此过程中,高校要提升对商务英语的关注度,结合商务英语课程与其他课程的区别,制定针对性的授课模式,鼓励教师以现代化视角看待商务英语人才培养,及时摒弃落后的培养意识和思路,依据商务英语的特征制定教学方案,保障教学内容的丰富性及创新性,将实践教学作为商务英语人才培养的重中之重,引导学生全身心投入商务英语的实践活动中,采用以赛促学的方式加强学生对商务英语的了解,使学生越来越热爱商务英语❶。

❶赵丽敏."互联网+"背景下高校商务英语专业人才培养的转型与升级[J].大学,2023（19）:110–113.

第四章　互联网背景下商务英语教学理论及其应用

第一节　建构主义理论下的商务英语混合式教学研究

商务英语作为商务英语专业的核心知识,同时是部分非英语专业的ESP(专门用途英语)重点,将英语语言知识、商务知识、商务能力、商务实践与跨文化交际能力等元素有机地结合在一起,具有极强的实用性和实践性。商务英语的目标在于培养学生在跨文化语境下运用英语进行商务沟通与解决实际问题的能力。课程内容广泛覆盖经济、政治、外贸、商务、法律、保险、报关等多个领域。

然而,尽管在互联网的背景下,传统的英语教学理念仍然影响着商务英语的教学,导致实际教学中存在一些问题和困境。首先,学生的学习积极性不高,参与度有限。其次,教师的教学方法过于单一,过于依赖传统的"教师为中心"的教学模式,未能充分利用现代化的教学手段模拟真实的商务环境。再次,教学模式过于传统,课程内容不断膨胀,但课时却并未增加,导致教学质量难以保证。最后,学生的基础水平参差不齐,对商务英语课程的满意度有待提高。

因此,本节以建构主义理论为指导,深入研究商务英语的混合式教学模式的实施方案。旨在解决上述提到的商务英语教学中的问题,以及应对当前面临的困境。

一、建构主义理论和混合式教学概述及两者之间的联系

(一)建构主义理论概述

建构主义理论,这一由瑞士心理学家皮亚杰提出的教育心理学理论,自20世纪90年代起,在国内外教育教学实践中得到了广泛的应用。在国内,何克抗教授率先将这一理论引入教学实践中。该理论强调以下几点:第一,以学生为中心,注重学生对知识的主动探索和建构。学习是在原有知识经验的基础上对新知识的建构,而教师在此过程中转变为教学的组织者、指导者、帮助者和促进者;第二,注重师生之间、生生之间的协作学习与讨论;第三,教师提供必要的学习资料和学习资源,指导学生合理运用这些资源进行合作探索,以完成学习的最终目的——意义建构;第四,教师需为学生创设真实的学习情境,以便在真实场景中实现意义建构。

进一步地说,建构主义学习理论认为"情境""协作""会话"和"意义建构"是学习环境中的四大要素或四大属性。这四大要素与商务英语课程的特点和实践教学紧密相关,为商务英语实践教学提供了有效的指导。

此外,建构型学习具有六个核心特征:积极性、建构性、累积性、目标指引性、诊断性和反思性。研究显示,建构型学习最符合学习的本质,并能有效开发人的潜力。实验证明,不同学习观、学习风格与策略、学习结果之间并不存在一一对应的关系,而建构型学习者能在三种学习理论上均表现出最佳业绩。

这种理论完全适用于商务英语教学。无论学习者采用何种学习观,在学习结果上均能表现出最佳业绩,这符合皮亚杰对语言结构的分析。商务英语教学作为一门实践性强的专业课程,要求学生在解决问题、完成任务的过程中主动进行自我探索和语言的实践应用。学习者通过合作、讨论来分析问题、搜集资料,直至解决问题。这个过程体现了语言知识、商务知识、文化知识学习和实践能力培养的建构和再建构过程。

皮亚杰认为语言知识结构具有整体性、转换性和自身调整性三个特性。这意味着语言知识结构是开放性的,语言的共时性系统并非静止不

变。因此,它会随着输入不断改变原有结构,形成新结构。而每一次产生的新结构都能参与下一次的建构,再产生新结构。商务英语语言的学习实际上是一种沟通技能的学习,是英语在职场上的具体应用。由于商务英语语言的结构完全是开放性的,它所面对的是商务活动中对商务英语这种专门用途英语的具体使用。学习者需主动选择、同化、顺应输入的信息,使新输入的材料与已有的信息相互作用、重新建构,形成新的结构。商务语言的习得也是学习者在具体商务环境下积极主动建构的结果;输入向吸收的转化过程充满了学习者的主动建构,而不是被动接受;吸收的结果是新旧信息相互作用后的全新结构。由于学习者不断接触商务语言材料,其商务语言习得便成为不断建构的过程。因此,建构主义同样适用于商务英语学习。

（二）混合式教学概述

混合式教学模式,主要是指教学工作者将传统课堂面对面的教学方式与线上 E-learning 教学模式进行融合,利用纯技术环境与传统学习理念,落实混合式教学,不仅可以利用该教学模式在教学新阶段体现教师的引领和启发教学指导作用,而且还能通过激发学生对所学知识的主动探索,调动学生学习潜能,培养学生的多项能力。其中,教学新时期混合式教学模式在实际应用的过程中,主要形式包含慕课和微课以及相应的网络教学平台等,教育工作者若想将混合式教学模式应用的更好,并利用其构建高效率教学课堂,可以依托计算机为基础,不断丰富混合式教学形式,提高混合式教学力度,利用不同且有效的教学方法,让教学质量和水平,得到持续提升。

（三）建构主义理论与混合式教学之间的联系

在互联网的背景下,现代教育信息技术和多媒体的进步为建构主义理论在现代教学中的实施提供了优越的环境。混合式教学,作为线上与面对面教学的有机结合,与建构主义理论在多个方面相契合,可以有效地应用于商务英语的实践教学中。具体契合点如下:第一,混合式教学同样强调"以学生为中心"的理念,强调学生的主体地位,注重培养学生的自主学习能力和独立思考能力;第二,教师通过课前提供必要的学习资料、资源、微视频等，帮助学生在线上自主学习和讨论，从而为课堂上的深入探讨和知识内化奠定基础;第三,在线下面对面的课堂环境中,师生之间、生生之间的协作、讨论和对话交流成为知识内化的关键环节,有助于学生对知识的深入理解和实际应用;第四,课后进行实践拓展练习,进一步巩固和拓展所学知识,提高学生的实际操作能力和解决问题的能力。

通过上述契合点,我们可以看到混合式教学与建构主义理论在实践教学中具有很高的契合度,能够有效地促进商务英语实践教学的发展❶。

二、混合教学模式在商务英语教学创新中的应用

（一）高校商务英教学在混合式教学模式下的模块划分

在教育发展新阶段,高校商务英语教学在混合式教学模式下的模块划分主要分为知识教学模块、情境教学模块、交际教学模块等,以下内容便是对以上列举几点的详细论述,仅供参考。

1.知识教学模块

高校商务英语教学创新目的主要是促使学生将所学知识和掌握的技能应用在国际对外交流活动中,所以,现阶段专业教师会在优化教学工作的过程中,确保专业教学内容结合实际工作内容,即采取有效的方法让知识教学模块方面的划分主要分为商务词汇和对外贸易术语以及对外贸易专用词汇等,既可以帮助学生巩固英语学习基础,还可以让学生通过层层进步,逐渐明确不同专业词汇在哪种语境下应用最为恰当,进而提高学生的英语知识应用水平。

2.情境教学模块

现阶段,许多教学工作者会为了提高教学成效,将情境教学融入教学优化工作中,利用情境教学对学生视听能力加强培养和锻炼。高校商务英语教学创新工作者,同样会在现阶段混合式教学模式的应用下,借助多媒体和互联网等技术手段创建可行性较强的教学情境,即在课堂教学前通过网络查询最新外贸英语应用案例,在课堂教学中将搜集到的素材

---

❶高国凤.建构主义理论下应用型本科院校商务英语混合式教学研究[J].齐齐哈尔师范高等专科学校学报,2022(5):150-152.

进行多元化展现,既可以为学生营造良好的学习情境,还可以让学生在学习中感受较为真实的视听环境,高效率地完成教材内容学习,熟练掌握相关技能。体现情境教学模块在或者合适教学模式下商务英语教学中的运用功能。

3.交际教学模块

在高校商务英语教学创新中,外贸交际能力是学生需要掌握的重要能力之一,同样是商务英语的一项重要内容。在混合式教学模式下,高校商务英语专业教师为了能够让学生熟练运用商务英语知识,也会依据实际教学所需和学生学习的现状,通过灵活应用情景模式,对学生展开模拟训练,这样既可以让学生在高频率且有效的模拟训练中更好的应对实际问题,还可以让学生在真正参与工作岗位和体验对外贸易交际活动的过程中,感受商务英语交际的魅力所在。

（二）混合式教学模式在高校商务英语教学创新中的应用方法

高校商务英语专业教师可以在应用混合式教学模式的过程中,将其落实于课前教学环节或者课中教学环节以及相应的课后教学环节,不仅可以发挥线上结合线下教学模式在实际应用过程中的较大影响,还可以让学生在全新的学习环境中,身临其境地体会商务英语工作环境,让教师在全新的教学环境中,明确学生学习的主体性和自身给予学生的指导性和纠正性。

1.将混合式教学模式应用于高校商务英语教学创新的课前环节

任何教学工作的课前环节都是教师对教学的重要准备阶段,教师需要在该阶段明确教学目标,并依据目标和学生学习的实际情况将学生划分为不同的组别,布置可行性较强的学习任务,这样才能提高课堂教学效率,帮助学生掌握学习知识和多项能力。在课前环节,高校商务英语教学创新工作者可以在明确应用混合式教学模式的重要性后,将其落实于课前教学环节优化工作中,如在准备工作中将一些有关教材,教学知识的视听资料进行搜集,将可以促使学生拓宽学习范围的教学素材进行搜集,在确保资料内容有专业术语和词汇以及相应背景内容的情形下,让学生感受课堂学习中学习内容的丰富性和学习活动的多样性。例如，教师首先可以在学期初在混合式教学模式的影响下，安排学生注册线上学习平台，引导学生在学习平台中加入相应的班级，并将事先准备好的教学素材展现于线上学习平台，让学生可以提前通过线上课程资源了解课程大纲，了解课程教学的总体介绍及需要完成的课程学习目标，通过加强学生对所学的内容背景知识的初步认知和理解，引发学生在课堂学习中将所学的主题进行自主思考和探讨，借助线上平台的预习和活动，对所学内容具有一定的实物进度，在课堂上长时间保持轻松的学习状态。

2.将混合式教学模式应用于高校商务英语教学创新的课中环节

在以往高校商务英语教学创新课堂中，大部分学生受应试教育的影响，长时间处于被动接受固有教学模式的状态，而随着固有教学模式在社会发展过程中越来越显示出不适应的状态，学生的学习效果更无法得到显著的提高。在全新的教育背景和时代发展中，高校商务英语专业教师会为了迎合教育行业发展趋势以及满足实际教学所需，将混合式教学模式应用于高校商务英语教学创新的课中环节，不仅可以落实以教师为辅，学生为主的教学模式，还可以借助线上线下相结合的教学方法，利用多媒体和互联网等先进技术为学生学习提供特定的情境，让学生在增强学习主体性的过程中，切实地体会商务英语真实的工作环境，以便促使学生在日后工作的过程中具有较强的适应能力，具有较强的发展水平。例如，高校商务英语专业教师可以以"product presentations"主题为例，可以在课堂教学中借助多媒体和互联网技术，通过U校园智慧教学云平台，引导学生观看导入的视频教学素材，并为学生设置相应的作业区，确保学生可以在作业区针对教师提前发布的讨论问题进行思考，如教师可以在作业区设置"How to make a better product presentation"问题，学生在观看教师提供的视频教学素材后，可以初步了解产品介绍包含的内容，继而，学生会将解决作业区的问题作为学习目标，为深入思考学习主题，与其他学生自主开展探讨，或者主动向教师提出一些有价值的问题，除了可以对所学内容有一定的熟悉感，而且还能在思路整合和语言提炼及重组的过程中,很好地,或者成功地介绍产品,利用课堂上应用性较强的混合式学习模式,完成线上结合线下的学习任务,在整体上提高学生对商务英语专业知识和相关技能的学习成效。当然,教师也可以将课堂上学生需要学习和深入分析的文章以理论素材转化为视频或者图片素材的形式进行展现,让学生在直观了解文章内容后对文章内容角色扮演,既可以展现学生的模仿性,还可以凸显学生的创新性,让学生在身临其境的学习情境中,感受较为真实的商务英语工作环境,让学生可以对重、难点知识充分消化。

3.将混合式教学模式应用于高校商务英语教学创新的课后环节

高校商务英语教学创新工作者把控课后环节的教学要点,可以通过在课后环节促使学生精准地总结回顾,帮助学生完成知识和技能延伸。例如,高校商务英语专业教师可以在现阶段应用混合式教学模式的过程中,确保课后环节设置的课后任务具体内容贴合教材与实际,并拥有丰富的形式,如纸质的写作或者电子形式的实践报告,既可以通过评价学生的纸质写作成果,给予学生线下精准的教学指导,还可以通过不限时间和不限地点的高效率评价学生电子形式的实践报告,给予学生及时性地指导和纠正,并为学生提供一些可参考的线上材料,记录线上线下相结合的混合式教学模式,帮助学生对所学知识和专业教学中涉及的实践技能充分消化和掌握。教师可以在每次课程结束后,借助 U 校园智慧教学云平台的测试平台和问卷星,适当的发布一些课后小测试,不仅可以让学生借助线上学习环境高效率的对测试进行完成,教师还可以根据智能系统提供的数据精准了解学生对知识点的掌握情况以便于对学生学习的实际能力做出评定,并有根据地以及有针对性地向学生提供一些课上录制的分节点的微课堂视频学习素材,供学生不限时间和不限地点地反复学习和探究,帮助学生在听力和口语训练中有持续性的提高沟通能力和跨文化商务交际能力。高校商务英语专业教师为了能够使课后环节更具人性化,也可以在探究如何正确开展线下检测和指导工作的过程中,正确贯彻落实混合式教学模式。例如,教师可以在课后环节指导中,要求学生依据线上所学模拟有关商务英语教学创新中公司职员在展销会上向外介绍公司的主打或特色产品,并将学习成果带到课堂上,与其他学生进行共享和探讨,这样不仅可以通过模拟真实情境让学生沉浸学习,还可以让课堂中的学生对部分学生的模拟演讲借助移动端开展线上投票,让学生在混合式教学模式的影响下更加积极主动地参与线下实践学习,既可以使教师更为精准且高效地对学生的学习情况进行评价和指导,还可以运用面对面讲授及时传递信息的优势和丰富多样的互动形式,让学生学习的能动性和创造力得到大幅提高,促使线上线下推进巩固与拓展。

总之,高校商务英语专业教师在现阶段采用混合式教学模式,不仅可以合理利用线上线下相结合的教学方法,改善固有教学形式的教学不足和缺陷,还可以在经济全球化让我国与世界其他国家联系更加密切的背景下,依据国际交流成为目前社会的热点话题,着力培养商务英语人才,满足社会发展需要。另外,高校商务英语专业教师合理应用混合式教学模式,除了可以完成商务英语教学创新,还可以给予学生充分的线上线下学习条件,让学生可以在线上不限时间和不限地点地学习,让学生可以在线下得到精准的指导和纠正,培养学生综合能力和实践能力,助推学生成为全面的综合型人才❶。

三、建构主义理论指导下商务英语混合式教学创新

(一)明确教学目标

在明确教学目标时,要重点关注两个方面,一是英语知识的应用能力;二是英语语言应用能力,这两方面能力的培养都离不开基础知识。

1.英语知识的应用能力

商务英语知识内容广泛,具有很强的综合性和实践性。传统高校商务英语课程教学注重对商务知识的讲授,忽视学生实践操作能力和应用能力的培养。线上线下混合式教学模式可以为学生提供更多实践机会,使学生真正掌握学习技能,能够学以致用,促进其对商务专业知识的学习兴趣。

---

❶唐跃华.试论混合教学模式在商务英语教学创新中的应用[J].中国科技期刊数据库科研,2023(10):46-48.

2.英语语言应用能力

语言是我们表达思想、交流思想的重要工具。高校商务英语课程中，教师通过专业课程的讲授传授学生理论知识，主要是为了提高学生的语言应用能力。但商务英语课程内容相对来说较为枯燥，如果课堂上教师只是单纯讲授理论知识，就难以提高学生对知识的理解与应用能力。而线上线下混合式教学模式可以很好地解决这一问题。

一方面，通过线上教学丰富课堂内容。学生通过观看商务英语视频、在线阅读商务英语文章等方式可以掌握基本的商务英语理论知识；另一方面，教师通过录制在线微课等形式在课堂上组织教学，可以为学生提供更多实践机会。例如，教师在讲解基本词汇时，可以制作微课视频或布置在线练习任务。学生可以利用课后时间反复观看微课视频或练习，使词汇更加规范准确。同时，教师应将专业课程内容融入线上教学中来，丰富课程内容体系，提高学生学习兴趣与积极性。

语言运用能力主要体现在听、说、读、写、译等方面的综合能力。线上线下混合式教学模式在商务英语课程中的应用能够有效提高学生综合能力素质水平。

在学习过程中教师首先通过线上教学视频帮助学生解决单词、词组等知识难点问题。其次对练习任务进行布置并组织线上作业。再次由专业教师对作业进行点评并反馈练习结果及错误原因。最后课后教师也应该利用微课等方式对作业进行详细讲解以加深其理解，使学生充分掌握学习内容及要点。

（二）完善教学内容

商务英语课程的内容十分丰富，涵盖商务英语知识、商务礼仪、交际沟通、跨文化交际等多个方面，是一门综合性极强的学科。随着国际经济全球化不断发展，国家之间的交流日益密切。在此背景下，商务英语课程要想培养出符合社会需求的合格人才就需要不断完善教学内容。教师需要根据社会发展及学生需求，及时补充新内容。如在讲到国际贸易风险管理相关知识点时，教师就可以补充国际贸易相关知识，让学生了解国际贸易风险的产生、表现形式、影响因素等方面的内容；再如在讲到文化差异时,教师就可以补充英美国家在习俗、审美习惯、宗教信仰等方面的差异性知识。除此之外,教师还需根据教材内容及时补充新内容,如商务礼仪中涉及的礼节和行为准则,礼仪知识中涉及的与人交流等方面知识;商务英语写作课程中涉及的语言能力训练、写作技巧、语言结构等内容。

通过线上线下混合式教学模式可以有效改善传统教学内容单一、枯燥的问题。在混合式教学模式下,教师可以充分利用信息技术及网络资源为学生提供丰富、充实的教学内容,使学生在获取知识信息时不会感到枯燥乏味。例如,在线上学习过程中老师可为学生提供丰富的商务英语课程相关资料和学习经验,从而进一步提高学生的学习兴趣。

(三)创新教学方式

利用线上教学资源与线下课堂教学相结合,有利于教师对学生学习效果进行检查,及时了解学生的学习进度,方便教师进行针对性的辅导。在商务英语教学中,可以将不同知识点用不同的线上视频形式展现出来。例如,商务英语中的银行、保险、股票等方面知识可采用视频形式展现出来,帮助学生理解难点。

同时为了丰富课堂内容,可以增加阅读材料的学习,为学生提供大量的阅读资料与课外知识拓展。例如,在学习国际贸易时可以通过阅读英文材料提高学生对于英文资料的理解能力及应用能力。另外在商务英语教学中还可以让学生自己制作PPT,利用网络平台对课堂知识进行讲解,并将自己制作的PPT上传到网络平台供其他同学下载学习。这种教学方式不仅能让学生有更多表达自我观点、展现自我的机会以及和同学、教师交流讨论的机会,也能让教师及时了解学生对于知识理解程度和掌握程度。例如,教师可在课堂上布置课后作业,让学生通过在线平台查找资料,并根据自己的理解程度以及课堂知识掌握情况制作PPT,上传到网络平台供其他同学下载学习。

利用商务英语课程学习平台,教师可以将线上教学资源与线下课堂教学相结合,对学生的课后作业进行布置和检查。例如,在课前布置课后作业,要求学生在完成作业后利用在线平台和教师进行互动交流和在线考核。对学生课后作业进行批改，并根据不同情况对其提出改进建议。教师在课前还可以根据学生的作业进行在线提问，由学生针对自己的疑问进行回答，教师也可通过提问的形式了解学生对于知识的理解程度。

这种线上线下相结合的教学方式可以让学生自主安排学习时间，在完成教师布置的课后任务后及时获得反馈，不断改进自身不足之处。同时教师能够通过课后在线提问的方式了解学生学习情况。例如，在学习商务英语"国际贸易实务"时，教师可以让学生将国际贸易实务中涉及的重点词汇以及重点内容拍摄成视频上传到商务英语课程学习平台，让学生在课后利用网络平台对其进行记忆，并及时地进行相关练习。

（四）增强师资力量

商务英语作为一门实践性很强的课程，教师在授课时需要通过丰富的语言环境来辅助教学。教师无法直接对学生进行面对面的交流，而线上教学不仅可以解决这一问题，还可以进一步提高商务英语教学质量。

线上线下混合式教学模式下，教师与学生均可以通过网络进行实时交流互动。同时，教师在线上平台上发布与商务英语课程相关的教学资源及资料。学生在课后自主进行学习和思考，有利于培养学生自主学习能力和探索精神。

另外，随着互联网技术的不断发展，高校商务英语教师还可利用信息技术完成授课任务并掌握学生学习情况及行为习惯等，不仅有利于在更大范围内了解学生需求，而且为今后商务英语课程的改革及教学工作提供参考。

线上线下混合式教学模式在高校商务英语课程中的应用，将教师教学的主导性和学生学习的主体性有效结合起来，促进了师生关系从"以教为中心"向"以学为中心"的转变。教师可通过线上平台向学生推送大量学习资源及资料，为学生营造良好的语言环境，培养学生自主学习能力和探索精神；同时学生在课堂上与教师互动交流，增强了对知识的理解和掌握程度。

线上线下混合式教学模式通过师生角色转变实现了教师从"知识传

授者"向"学习指导者"角色转变,有利于培养学生自主学习能力和探索精神。教师可根据课程内容设计线上测试题目并将其上传到线上平台;也可设计一些线下活动来帮助学生理解商务英语课程相关知识。这些活动可以丰富课程内容形式,让学生感受知识获得感。同时,学生通过参与线上线下活动不仅可以培养团队合作能力和沟通能力;还能了解相关专业知识以及商务英语相关词汇等。

线上线下混合式教学模式可以帮助教师及时地了解学生学习情况及需求并在此基础上制定合理的教学目标、教学方法及评价方法等;有利于对商务英语课程进行定期评价并反思教学过程中存在问题,并在此基础上对课程内容及教学方式等进行调整与优化。

线上线下混合式教学模式有助于增强教师专业能力及业务水平。通过线上线下混合式教学法可以使教师掌握更多商务英语方面的新知识、新技能及新方法,从而有利于提高自身综合素质和业务能力水平。

（五）明确课堂定位

将线上线下混合式教学模式应用于商务英语课程教学中,教师应该明确课堂定位,让学生在有限的课堂时间内充分发挥自己的主观能动性,教师需要根据学生需求安排相应课程。在此过程中教师要做好以下工作:

1.应对商务英语课程进行详细的分析,明确学习内容以及教学目标

通过商务英语课程教学目标与商务英语课程内容分析可明确授课内容。

2.充分利用现代化技术手段完成商务英语课堂任务的布置

例如,通过现代信息技术实现教学课件以及视频的播放,有助于激发学生学习兴趣。

3.教师可以在商务英语课程教学过程中开展商务英语实践活动

例如,教师可以在教学过程中引入情景模拟,通过视频播放与模拟操作可以提高学生的语言实践能力,有利于培养学生英语学习兴趣并提高学习效率。

4.教师要做好授课辅导和答疑解惑工作

线上线下混合式教学模式能够为师生之间提供交流平台,教师可以通过网络平台进行授课辅导以及答疑解惑。将二者有机结合可以确保学生不会因为长时间缺少与教师交流而产生厌学情绪。通过互联网平台的实时互动可以及时解决学生遇到的问题并激发学生学习兴趣,有利于提高学习效率。

因此,教师在开展商务英语教学过程中要明确课堂定位,教师首先要对课程内容进行精心设计,再通过多媒体技术手段呈现出商务英语专业知识的相关内容,通过线下课堂组织学生学习。教师可以在课堂上进行答疑解惑并提高学生的专业技能❶。

在建构主义理论的指导下,采取商务英语的混合式教学方式,彻底摒弃传统的"填鸭式"教育模式。为此,高校应引进优质的线上教学资源,并重新设计教学方法。这种混合式教学方式结合了线上和线下的教学模式,线下教学并非简单地重复线上内容,而是基于线上教学内容进行重点和难点的解析,从而促进师生之间、生生之间的有效互动。

为了提高学生的商务英语实际应用能力、创新能力和高级思维能力,教师应针对高校学生的实际情况,对教学模式进行重构,充实教学内容,优化教学设计。同时开放教学思路,明确课程评价和考核标准。

在实施过程中,始终坚持以教师为主导、学生为主体的原则,强调教学的持续性、主动性和创造性。通过这种混合式教学方式,成功打造一个现代信息技术与外语教学深度融合的课堂,从而实现商务英语混合式教学效率和实际教学效果的最大化。

---

❶马蕾.线上线下混合式教学模式在高校商务英语课程教学中的应用分析[J].中文科技期刊数据库(全文版)教育科学,2023(2):140-143.

第二节　翻转课堂理论下的商务英语教学研究

在教育领域,近年来涌现的慕课、微课和翻转课堂等新型教育模式,其发展与互联网技术紧密相连。教育工作者正积极寻求基于互联网环境、适合各自专业领域发展的教学改革策略。考虑大学商务英语教学的广泛性和实践性强的特点,翻转课堂这一创新教学模式能够有效地提高学生的实际操作能力,因此,大学商务英语教学适合采用翻转课堂模式进行改革。

一、翻转课堂概述

(一)翻转课堂的概念

在互联网背景下,信息化教学手段已成为未来教育的重要组成部分。根据《国家中长期教育改革和发展规划纲要(2010—2020)》,我们需要加速教育信息化进程,创新网络教学模式,提升教师信息技术应用水平,并鼓励学生运用信息手段主动学习、自主学习。随着互联网的快速发展和计算机技术在教育领域的广泛应用,翻转课堂逐渐崭露头角,成为国际教育领域的研究热点。

翻转课堂,也称flipped classroom model(FCM),从根本上颠覆了传统的教学模式和教学结构。这种模式使学生成为学习的主体,教师则主要充当学生学习活动的组织者、指导者和帮助者。在课前,教师将录制好的教学内容上传至网络供学生预习;在课内,教师则针对学生预习中遇到的问题进行答疑解惑,并引导学生进行实践练习,发现问题并协助解决。

翻转课堂起源于美国科罗拉多州林地公园高中,是两位化学老师开创的一种新型教学模式。这种模式重新调整了课堂内外的时间,将学习的决定权从教师转移到了学生。在课前,学生通过观看教学视频、微课、电子书或与他人讨论的方式完成学习任务;而在课上,教师则采用讲授法和协作法来解答学生课前学习中的问题。

相比传统的教学模式,翻转课堂的教学环节发生了颠倒,知识传递与内化的时间被重新安排。翻转课堂模式的实现需要四大支柱:一是灵活的学习环境,需要重新规划学习空间并支持学生进行小组合作或独立学习;二是转变学习方式,从传统的以教师为中心的"讲座式"模式转变为以学生为中心的学习模式;三是精选教学内容,确定要教给学生的内容和让学生自己探索的材料;四是提高教育工作者的专业素养和信息化技能,教师需要提前做大量准备,并且不断反思和提供反馈。

翻转课堂的优势在于实现了个性化学习、调动了学生的学习兴趣、培养了学生的自主能力和问题意识。它促使教师深入研究教学、加强师生交流、改变评价方式。

总体而言,翻转课堂相较于传统课堂具有明显的优势和潜力,对于未来的教育发展具有重要的意义。

（二）翻转课堂背后的学习理论

翻转课堂背后的学习理论是由本杰明·布鲁姆在1968年提出的掌握学习法。布鲁姆对传统的学生能力正态分布理论提出质疑,认为该理论导致了只有少数学生能够取得优异成绩并完全掌握教师所教内容。他指出,学生学习成绩不佳的主要原因并非智力不足,而是由于教师对班级学生的指导不均等,约三分之一的学生获得良好关注和指导。因此,大多数学生的学习速度存在差异。他强调,如果提供最佳教学条件和充足学习时间,学生成绩将不再呈现正态分布,而绝大多数学生将能够掌握学习任务并取得优异成绩。

翻转课堂的出现为实现掌握学习法提供了可能,甚至借助科技实现一对一的翻转课堂学习。翻转课堂为学生提供了充足的学习时间,并确保每个学生获得所需的频繁反馈和个性化矫正帮助,以便学生在形成性检测过程中不断实现学习目标。

此外,泛在学习理论也是翻转课堂的重要理论基础。这一理论的核心思想是提倡时时处处可学习,可以借用朱熹的名言"无一时而不学,无一处而不学"来诠释。泛在学习理论在计算机和网络广泛应用后提出,具有以下特点:一是教师需创设富有吸引力的情境;二是学生可以利用便携移动设备或嵌入生活环境的计算机,利用零碎时间进行自主学习;三是学习内容需短小精悍,方便学生间断学习,其中主题明确、时间较短的微课起到核心作用。泛在学习理论支持技术融入教育,实现学习内容化整为零,从而促进终身学习的实现。

(三)翻转课堂的特点

在翻转课堂模式下,学生的学习方式发生了重大转变。传统的课堂线下学习方式已被线上的提前学习所取代。课堂的功能也发生了变化,成为教师与学生之间、学生与学生之间进行互动交流的场所。在互动交流中,教师的职责是解答学生的疑惑,引导学生对相关知识进行总结和整合。这种转变有效地提升了课堂教学的质量。翻转课堂的特点主要体现在以下三个方面。

1.教学视频简短

在翻转课堂模式下,教师录制的教学视频通常会控制在5~8分钟,最长不超过10分钟。这样的时间安排符合学生的学习规律,有助于有效控制学生的注意力,确保他们在学习过程中保持高度的专注力。

2.教学信息明晰

由于教学视频时长有限,通常仅有几分钟,因此教学内容需集中于单一问题。这种设计确保了教学信息的清晰度,并体现出一种新颖的授课模式。这种模式强调了学生的主体作用,有效激发他们的学习兴趣,进而提高其学习效率。

3.复习检测便捷

在翻转课堂教学模式下,教师不仅负责上传教学视频,还需提供学习任务单和课堂练习题。这些资源为学生提供了便捷的学习与复习检测途径。通过引导学生完成课堂练习,学生能够了解自身学习成效,而教师也可接收平台反馈,掌握学生的学习进度及知识掌握程度。这样,教师能够根据实际情况调整教学内容,以满足学生的学习需求。此外,翻转课堂教学模式的一项巨大优势在于,教学视频不仅适用于新知识的学习,同样适用于复习阶段。学生可随时随地观看视频,灵活安排学习时间。

二、翻转课堂与商务英语教学的契合性和作用

（一）翻转课堂与商务英语教学的契合性

商务英语作为专门用途英语（English for specific purposes，ESP）的分支，旨在通过英语表达与商务活动相关的交际方式。根据 Ellis.M 和 Johnson.C 在《商务英语教学》中的观点，商务英语是特定工作或行业相关内容与一般沟通能力的一般内容的混合体。因此，商务英语教学不仅要注重培养学生的英语沟通能力，还需涵盖商务相关行业的专业知识。一些学者从"目的"出发来定义商务英语，认为它是以学生学习目的为指导原则的语言学习和教学，目标是培养学生特定工作环境中的语言交际能力。

国际商务环境是一个涉及专业知识、交流技能和文化因素的复杂体系。商务英语作为跨学科专业，其课程设置涵盖了语言、专业、技能和文化等多个领域。传统灌输式教学模式往往过于注重知识传授，而未能为学生提供足够的实践机会。为了使学生能够将所学知识转化为解决实际问题的能力，商务英语教学需要采取更为有效的教学方式。

翻转课堂的教育理念以学生为中心，教学模式注重互动交流和实践研讨，这与商务英语专业性质和人才培养目标高度契合。因此，将翻转课堂应用于商务英语教学是实现专业教学改革的必经之路。

（二）翻转课堂对商务英语教学的作用

1.实现了信息化教学与课堂教学的深度融合

信息化教学手段的引入，为课堂教学注入了现代化的元素，并显著提升了教学成效。在每一课时的教学中，我们通过优化组合教学目标、方法、任务、教学资源、作业、协助、互评、展示、反思等关键要素，并依托数字化教学平台，形成了一体化的教学模式。此外，翻转课堂教学系统的构建得益于校园无线网、学生个人便携手机和平板终端、课程视频资源以及网络课程教学平台的集成应用。这一创新教学模式突破了传统课堂的限制，真正实现了信息技术与课堂教学的深度融合，为提升教学质量和效果奠定了坚实基础。

2.培养了学生自主学习能力,真正落实了学生的个性化学习

翻转课堂作为一种新型教学模式,有效突破了传统课堂的时空限制,赋予学生更大的学习自主权。学生可以根据个人需求自由安排学习时间,灵活调整学习进度和节奏,不再受制于固定的课时安排。此外,学生可以通过平台反复观看课程内容,直至完全理解和掌握知识。遇到困惑时,学生可以及时向同学或老师寻求帮助,这种互动性学习有助于培养学生的自主学习能力,甚至为终身学习奠定了基础。对于教师而言,翻转课堂的应用使他们能够将更多的时间和精力投入个性化辅导中,根据平台反馈的数据,精准地对学生进行一对一的指导。这种教学方式不仅提高了教学效率,也使教育更加人性化、个性化。

3.促进了教师角色的改变和专业水平的提高

在翻转课堂模式下,教师的角色发生了重大转变。他们从课堂的主宰者转变为引导者和组织者,而学生则成为自主学习的主体,在教师的引导下逐步推动学习进程。对于课程教学,教师需要提前进行规划,设计好课前自主学习任务,围绕重难点制作课程视频,并在课堂上进行针对性的讲解。此外,教师还需要为有困难的学生提供一对一指导,随时关注学生的学习动态,及时反思并改进教学方法。这种模式不仅提高了教师的教学水平,还进一步提升了教师的专业素养[1]。

三、互联网时代基于翻转课堂的商务英语教学创新

现代数字信息化技术的发展使其在各行各业得到了广泛应用,相对应的翻转课堂教学成为了教师们常用方式之一,在教育领域可谓掀起了轩然大波。早在互联网的发展中,就有人提出结合现代教学技术和传统教学的论点,高职商务英语教师作为培养应用型人才的重要人员,应当思考两者融合的必要性和可行性,分析两者结合所产生的翻转课堂给英语教学带来的重要作用。借助翻转课堂保证教学成效,构建以学生为本的生态环境,促进学生的个性和共性的共同发展。

---

[1]刘玉洁.互联网背景下,商务英语翻转课堂的研究与实践[J].现代营销(经营版),2019(2):236-237.

（一）教学方式的创新

以往高校教师虽然重视商务英语教学，但应试教育理念的影响下并没有凸显学生主体，所以没有关注学生积极主动性的激发；虽然有注重学生对英语知识的掌握，但并没有重视其完整知识结构体系的构建。教师们因为只会单向性的给学生灌输知识，并没有注重和学生之间的互动，也忽略了对学生学习情况的第一时间了解，致使枯燥沉寂的课堂让学生无法及时应用所学知识。在互联网时代下，翻转课堂的应用建立在学生主体凸显的基础上，所以作为教师，商务英语教学中，遵循以生为本的教学原则，尊重学生的主体个性，以互联网时代下翻转课堂的应用发展为前提，指导学生以各种信息化的技术设备观看英语课件。课堂上学习知识之后充分应用课外时间对知识深入学习，实际应用知识。商务英语和普通英语最大的区别在于，商务英语的特殊性决定了学生们学习时不仅要掌握基本的语法知识，还要基于教师创建的商务情境实际训练。

互联网时代下的"一、二、三、四"课堂主要是第一课堂——传统知识传授课堂；第二课堂——线上学习的翻转课堂；第三课堂——校内各类活动；第四课堂——校外的各类社会活动。

因此，才需要教师们了解传统教学的不足，摆正自身的位置，改变一言堂教学模式，基于互联网时代下构建商务英语的翻转课堂。以翻转课堂建立网络学习渠道，应用网络技术传授商务英语知识。积极开启英语类社会服务通道后管理学生，学生们观看翻转课堂视频，根据视频中的内容自行参与各类校内英语活动，基于构建的"一、二、三、四"课堂丰富学生知识积累，优化学生英语实践，保证学生英语语言学习系统的全面性和完整性。

1.第一课堂

由于"互联网+"时代下的第一课堂结合了任务型等教学方式，这些方式又集多种形式于一身，所以与传统"填鸭式"教学模式、灌输教学模式大有不同。这些不同也注定了在第一课堂下，教师们不仅要利用翻转课堂对商务英语知识进行讲解，还应明确任务，指导学生在一系列任务中灵活应用所学知识。正式的课堂教学之前，教师们利用多媒体等设备对提前录制好的翻转课堂进行播放,学生们自主观看翻转课堂的教学视频,观看途中针对其中的重难点展开交流讨论。

(1)明确任务型活动

学生们可以进阶式或者合作式的完成任务,接着教师评价学生的任务完成情况,展示学生的学习成果,学生们根据成果展示相互探讨和完善。例如,商务情景英语"company biography"的教学中,本章节要求学生对公司简况和组织结构进行介绍。此情形下,先对学生进行分组,五至六人一个小组,一个小组设定为一个公司,每个人都负责一个具体的工作岗位。

(2)分配真实的商务活动任务

事先设计好商务场景,将课堂布置成商品展览会和广交会,以公司设定摊位,每个岗位的学生都要实际参与,以提前安排好的角色展开模拟表演。学生自己以公司为单位,优化产品推广设计,以英语向其他公司对自己的产品进行介绍和展示,其中要清楚讲述出该产品的外观、性能、用法和特点。结束产品展示,观众就自己感兴趣的方面向介绍的同学提问。这么做是为了激发学生的积极性和主动性,使其积极投入课堂学习锻炼自己的口语,巩固所学知识,提高应变能力,解决学习问题。

2.第二课堂

第二课堂与第一课堂最大的不同莫过于依托网络技术,属于真正意义上的线上教学。在互联网时代下,高校商务英语教师应该先自己研究教材,深入挖掘教材,明确任务后,以教学目标和内容为前提,积极应用课前时间设置教学问题,录制翻转课堂,并于翻转课堂出示问题。融合翻转课堂和问题型教学方法,启发学生基于所学的英语知识进一步思考,分析过后得出结论。

还以"company biography"教学为例,先明确教材上的知识,碎片化知识点后以教学内容建构索引,如 development path, main business, product description, application market, company advantage, honorary award, company culture, future outlook。课前利用翻转课堂,录制并播放公司的产品介绍,展示产品后学生们自主总结公司简介。通过这些公司简介,对节点问题

进行发现,研究问题的解决策略,再观看下一部分视频,探讨之后的节点问题。此类方法下,学生不仅会产生浓厚的学习兴趣,还能在线上闯关式的学习中深入思考,通过对碎片化知识的整理融合制作出思维导图,形成完整的知识结构。在教师的带动下学生能够对相关问题进行自主探索同时对于一些知识点进行合理质疑,最大限度地锻炼学生明辨是非的能力避免学生学习过程中的盲目性。

3.第三课堂

第三课堂是指学生参与各类校内活动。为了培养学生良好的知识与技能,也为了丰富学生的阅历经验,高校会在教学之余组织各类活动。针对此,高校的商务英语教师们要好好利用这类活动,发挥这些活动的作用。了解当代学生的发展需求以及社会对人才的要求,结合学生的实际情况开办各类社团。商务英语教师充分利用英语类社团,或是组织英语口语比赛,或是开展英语创作大赛,或是举办英文电影配音活动,或是指导学生参与学校公示语翻译活动。

校内活动的目的是尽可能发挥学生的作用,使其积极应用自己所学的英语知识,增强个人技能,提升学以致用能力。学生通过参与校内的各种活动能够锻炼英语能力,也能够认识自身在学习过程中明显不足之处以便今后改进,从整体上看高校有关方面根据学生的实际特点组织英语活动具有重要作用,学生们在进行英语活动过程中不但能够健全自身人格同时能够培养与他人之间友谊。

4.第四课堂

第四课堂指的是各类校外的社会活动。与校内活动相对的就是校外活动,高校是培养应用型人才的重要基地,如果闭门造车,既无法了解当代社会对人才的需求,也无法针对性地培养学生的实际应用能力,时间一长学生们走出校园无法适应社会和工作岗位。互联网背景下,高校的商务教师制作翻转课堂,指导学生学习课内知识时也根据学生的特殊性和校外企业、社区等进行合作,发挥多方力量构建良好的校外实践平台。组织学生们在各类校企合作中参与校外活动,或是参与志愿活动,或是顶岗实习,或是投入各类国际层面的活动服务。通过校外活动的锻炼,增强学生个人的能力,学生们完成校外活动的要求,抓住外事沟通机会,于社会实践中应用商务英语知识。

（二）学习模式的创新

互联网时代下的翻转课堂,是一种与传统单一灌输式课堂截然不同、依托于网络技术的教学方式。此模式不仅可以在课前准备阶段应用,使学生实现课前网络预习;还可以在正式课堂教学中应用,指导学生讨论并展示总结;也能于课后复习巩固阶段使用,帮助学生课后演练和巩固提升。通过课前—课中—课后的全方位构建,加强师生之间和生生之间的交流,以线上线下的互动保证教学效果。

1.课前准备阶段

课前准备阶段,教师自身研究教材,基于教材要求明确教学目标,以翻转课堂的视频形式告知学生学习任务。学生们接收教师发送的视频材料,观看视频,并根据教师指导以其他线上学习资源为参照点自主学习,完成任务。学生观看翻转课堂视频时,教师对各种小测试进行设置,对学生的自主学习情况进行监控。一旦学生检测环节遇到问题,则在各个软件建立学习群,学生们在学习群根据自己所遇到的问题沟通交流。教师利用学习平台的后台管理功能掌握学生的学习情形,对课堂学习的策略进行制定,适当调整教学重点和难点。

从整体上看,在课前阶段教师通过对于教材的研究能够进一步对于教学内容有所了解,学生通过事前的讨论也能够对于所学习知识有一个初步的印象对于提升学生的学习兴趣以及减轻教师的教学压力具有重要意义。

2.课堂教学阶段

课堂教学阶段,传统的教师授课方式已经不适用于互联网时代下的英语翻转课堂。为此,教师们改变传统的课堂教学模式,基于互联网和翻转课堂注重学生展示。所谓学生展示,顾名思义学生跟着教师指导分析课程知识,展示自己对英语的理解,此时学生可以选择以个人名义,也可以选择以小组形式。此方式下,教师的身份不再是传统的传道授业者,而是解惑员,给学生答疑解惑,补充学生知识,总结学生所学。

互联网时代下,教师们以翻转模式向学生传达梯度式任务,以线上的翻转课堂检测学生的知识掌握情况,了解学生薄弱欠缺的知识点后指导其以互联网展开线上线下的探讨交流,实在无法解决的再向教师求助,由教师解疑答惑。此过程中,教师最大限度地给予学生学习自由,改变以往强制学生学习的情形,以各种软件系统对学生的学习状况进行掌握和反馈,基于翻转课堂解答学生的疑难问题,尊重学生的个性化学习,促使其发展个性。

通过翻转课堂的引入能够不断确立学生的课堂主体地位也能够让学生在学习重点以及难点知识过程中不断树立自信心,对于培养学生的自主学习能力以及独立思考能力起到至关重要的作用,与此同时,在实际教学过程中应用翻转课堂也能够增进教师与学生之间的感情,对于营造良好的课堂氛围具有积极意义。

3.课后巩固阶段

课后巩固阶段,教师们了解学生的个性特点和学习情况,尊重学生个体,以课堂教学中学生提出的疑难问题为核心,设置线上的知识巩固测试。根据后台的知识检测数据,对学生的线上讨论情况和任务完成情况判断了解,掌握学生目标达成情况后再对教学进度进行调整,指导学生基于自主学习实行实际操练,按照翻转课堂参与线上测试、完善教学策略,发挥互联网时代下翻转课堂的作用。

从整体上看,通过翻转课堂教学模式的运用能够让学生对于所学习知识进行积极的回顾避免对于课堂内容快速遗忘现象的发生,教师在实际教学过程中运用翻转课堂能够促使学生利用琐碎时间对所学习内容进行及时总结以达到最好的教育教学效果,学生也能够利用最少的时间获取最多的知识,为下一步学习的开展奠定坚实的基础。

（三）评价体系的创新

评价考核归根结底只是一种判断学生学习情况的过程和方式。以往高职商务英语教学中,教师们的评价考核重点为终结性评价,也就是将最终评价学生的主要依据定为学生期中期末的测试成绩。这种终结性评价方式并不能对学生的学习行为、学习效果等客观全面地评价,理所当然地也就影响学生的主观能动性。互联网背景下，教师们了解学生的学习情形，掌握学生的不足之处，根据翻转课堂评价学生。不仅应用传统的线下终结性评价模式评价学生，也以线上的形成性评价对学生评价考核。除了需要改变评价模式，还需要丰富评价主体，多元化评价方式，广泛化评价内容。传统的评价都是由教师进行，而互联网背景下的翻转课堂下，教师应该发挥学生主体作用，指导其自评或者相互评价。必要时邀请场外支援，由学生家长或者英语专家评价。

至于评价方式，不仅采用传统的评价方式，发放线下试卷测评学生；也要提前了解翻转课堂的作用，利用互联网技术和线上资源组织学生参与问卷调查。学生们根据教师指导，以视频语音方式在线交流，交流中彼此评价。这类信息化的评价能增加学生的参与度，促使教师以不断完善的教学流程完成公平合理的评价。

评价内容方面，以往教师只是根据传统授课的情况对学生的知识学习进行评价，不仅没有评价学生的学习过程、线上测验完成情况，也没有评价学生的竞赛获奖情况、英语等级考试等，还忽视了学生英语社团活动的考评和各类英语社会实践服务考评。在此背景下，商务教师应该研究互联网背景下翻转课堂的价值作用，将第二课堂、第三课堂和第四课堂的参与情况纳入评价内容的范畴，鼓励并督促学生参与各类英语学习活动。甚至可以将学生和同学之间的合作沟通、平时所选择的学习方式、形成的学习习惯、跨文化交际能力等设置为评价内容。以广泛的评价内容，保证评价考核的全面性和完整性，利用公平合理的评价提升学生的英语综合能力。

互联网背景下，商务英语教师必须改革创新教学模式和手段，不再注重完全理论的灌输式教学，而是基于翻转课堂传授理论后培养学习技巧和英语实践技能。教师们与时俱进，全方面结合新时代下的各类技术，以不同技术投入教学模式的改革创新，发挥技术的作用营造出不同于以往的教学环境。同步利用信息技术和网络技术，丰富教学资源，以翻转课堂展示这些线上线下资源。通过翻转课堂商务英语教学环境的构建，提升学生英语水平，促进学生个性化发展❶。

---

❶马泽潇."互联网+"时代基于翻转课堂的高职商务英语教学创新思考[J].中国科技期刊数据库 科研,2022(12):172-175.

第三节　多元智能理论下的商务英语教学研究

一、多元智力理论与商务英语教学

随着经济全球化的深入发展,我国与各国之间的经贸交流日益频繁,对商务英语人才的需求也持续增长。因此,如何高效地培养商务英语人才已成为众多高校商务英语专业的重要研究课题。《高等学校商务英语专业本科教学质量国家标准》为适应社会对复合型及应用型高级国际商务英语人才的需求,明确规定了商务英语专业本科教育应培养学生具备五种素质、五类知识和五种能力,从而构建完整的人才培养体系,并对各项素质、知识和能力提出了具体的、可操作的要求。这些要求构成了商务英语人才培养的目标和毕业生毕业基本要求。

(一)五种素质

在五种素质方面,商务英语专业学生应具备思想素质、专业素质、职业素质、文化素质和身心素质。具体来说,他们应具备高尚的品德、良好的人文与科学素养、国际视野、强烈的社会责任感、敬业与合作精神、创新与创业精神,并保持健康的身心状态。

(二)五类知识

在五类知识方面,商务英语专业学生应掌握语言知识、商务知识、跨文化知识、人文社科知识和跨学科知识五个模块的内容。这些知识模块能为他们未来的职业生涯提供坚实的理论基础。

(三)五种能力

在五种能力方面,商务英语专业学生应具备英语应用能力、跨文化交际能力、商务实践能力、思辨与创新能力以及自主学习能力。这些能力是他们在实际工作中解决问题、应对挑战的关键。

二、多元智能理论的应用

智能具有多样性和可开发性的特点,教师可依据学生的个体差异来发掘和培养与其相适应的智能。加德纳的多元智能理论为商务英语教学提供了有益的启示,教师可借鉴这一理论来全面开发学生的多元智能,从多角度锻炼和培养优秀的商务英语人才。

(一)语言智能

语言智能,指的是个体所具备的语言和文字能力,它在商务英语学习中占据着举足轻重的地位。对于商务英语专业的学生而言,大部分已经具备了一定的语言智能,然而也有部分学生在此方面并未能达到理想的水平。因此,教师应当采取一系列措施,以激发学生的语言智能,尤其是那些尚未被完全发掘的部分。

在课堂教学过程中,教师可以通过运用多媒体、音频、视频等多种教学手段,对学生进行全面的英语听、说、读、写、译训练。此外,教师还可以利用App、QQ、微信等新媒体资源,将英语新闻、演讲、英语美文、经典英剧和美剧等学习材料分享给学生。这些材料不仅可以帮助学生提高语言应用能力,还能促使他们利用课余的碎片化时间进行学习,从而进一步激发他们的语言智能。

(二)逻辑数理智能

逻辑数理智能,顾名思义强调逻辑和推理能力。教师可巧妙地运用这一智能,助力学生深化对商务英语的理解。具体而言,逻辑数理智能有助于学生在商务英语语境中推断生词含义,并迅速把握句子及段落的核心意义。通过这种方式,学生能够提升对商务英语语篇的深层次理解,进而增强整体语言应用能力。

(三)空间智能

空间智能作为人类空间想象能力的体现,在商务英语学习过程中具有重要意义。教师可以通过训练学生的空间智能,激发他们的想象力,并鼓励他们在单词学习和商务会话及谈判语境训练中运用图像和空间想象能力。这种方法能够帮助学生强化记忆,提高学习效果,进而提升他们在商务英语领域的表现。

（四）身体运动智能

身体运动智能,顾名思义是个体运用身体运动来传递思想与情绪的能力。在交流与学习的过程中,人们往往借助身体语言来表达对事件的反应和内心的感受。教师应当充分利用这一智能,引导学生在商务英语学习中运用肢体语言来传递信息、表达观点。在商务英语教学中,建议采用情景教学法,将真实的商务场景引入课堂。这些融入肢体动作的课堂活动不仅可以激发学生的身体运动智能,还能活跃课堂氛围,进而提升商务英语的教学效果。

（五）音乐智能

人类天生具备音乐智能,每个人都具备感知音色、旋律和节奏的能力。在商务英语教学中,利用音乐智能可以显著增强课堂的趣味性。通过将优美的音乐与视频和音频资料相结合,能够极大地激发学生对商务英语听说课的兴趣,从而提升学习效果。

（六）人际交往智能

人际交往智能非常适合商务领域的业务和学习,其涉及的人际交往和协调能力是商务工作中不可或缺的技能。商务英语教师可针对性地培养学生的人际交往智能,如在商务英语谈判课程中,通过分组讨论、协调合作,以及与对手的协商等环节,全面提升学生在商务谈判中的沟通与合作能力。

（七）内省智能

内省智能是指个体规划自我人生、实现自律与自省的重要能力。鉴于其重要性,教师应当积极鼓励学生培养和发挥内省智能。具体而言,学生应制订合理的学习计划和目标,学会反思与内省,从而不断提升自我。通过这种方式,学生不仅能够更好地掌控自己的学习进程,还能在成长过程中逐渐形成独立思考和自主决策的能力。

（八）自然探索智能

自然探索智能,是指个体所具备的深入了解和探索自然界的综合能力。这种能力激发人们主动求知,积极探索。充分开发这种智能,有助

- 113 -

于学生在学习过程中发挥主观能动性,树立自主学习的意识,从而对商务英语学习能力的提升产生深远影响。

二、多元智能理论应用在高校商务英语专业教学中的必要性

(一)符合学生发展的客观需求

在素质教育和新课改的推动下,高等院校的招生规模持续扩大,从而导致高校毕业生数量大幅增加。当前,由于每年高校学生数量的增长,给社会就业带来了巨大挑战。面对这种严峻的就业形势,为进一步提高学生的全面素质,我们迫切需要采取多元化的方法。因此,将多元智能理论应用于高校商务英语专业教学中具有极其重要的意义。

传统商务英语教学中,一些教师未能充分认识到学生作为教学主体的地位,未能充分发挥学生的主观能动性,也未能为学生构建一套系统的学习体系和教学方法。此外,随着社会经济的快速发展,对人才的要求也在不断提高。因此,学生需要具备更加扎实的实践能力和专业素养,以便更好地适应社会需求。

在高校商务英语教学中引入多元智能理论是对传统教学方式的一种革新,有助于培养更多应用型人才,满足社会发展的需求。

(二)顺应教育改革的必然要求

受传统应试教育理念的影响,许多学校和教师的教学理念较为陈旧,仍采用"灌输式"的教学方式传授知识。这种教学方式不仅难以满足学生的学习需求,也对学生的个人成长造成了一定的阻碍。为了解决这一问题,我们需要在高校商务英语教学中融入多元智能理论。这一理论的应用,将促使教师积极转变教学观念,创新教学手段,并尊重学生在课堂中的主体地位。

教师需要根据教学内容和学生的学习差异性,为学生制定符合他们自身发展和提高商务英语教学质量的个性化目标及教学策略。这将有助于进一步促进学生全面发展和提升教学质量。随着教育现代化的改革,对高校商务英语教学专业也提出了更高的要求。学校和教师需要创

新教育教学的模式和途径。将多元智能理论应用到商务英语领域中,是顺应教育改革的必然要求。这将实现现代化的教学模式与教学活动相结合,从而有效促进高等院校商务英语教学效果的不断提高。

(三)满足社会建设的切实需求

在素质教育改革和全球经济一体化的背景下,将多元智能理论引入商务英语领域,是符合社会实际需求的明智之举。在全面深化改革的过程中,我们提出了诸多经济发展战略。通过将多元智能理论与商务英语教学相结合,不仅能有效增强学生的英语实际应用能力,更能促进其综合素质的全面发展,满足社会主义发展建设对优秀人才的需求。这样有利于培养更多符合社会建设和发展的应用型人才,进而推动社会主义经济文化建设的持续发展。

另外,将多元智能理论应用于商务英语领域,也有助于提高教师对学生多元智能全面协调发展的重视。教师应以全面提高学生综合素质为目标,紧跟时代发展趋势和潮流,以满足经济现代化建设对优秀人才的需求。

三、大数据与多元智能理论视域下高校商务英语专业教学改革策略

(一)设立信息化教学系统

在大数据时代背景下,商务英语教学中建立信息化教学系统是一项至关重要的举措。互联网和计算机技术不仅提供了丰富的学习资源,还为师生搭建了沟通与交流的平台。这种系统可以实现教学资源的动态更新,并提供了多种形式的电子社交渠道,例如网络交流站、群讨论空间和电子邮件等。

在大数据时代,商务英语教学获得了海量的教学资源。作为教师,我们应该以提高学生的英语学习能力为目标,科学地利用大数据的整合能力来建立信息化教学系统。这样,学生不仅能够学习到课本中的知识,还可以通过互动提高商务沟通水平,锻炼商务英语的实际应用能力。通过这种系统,学生可以在学习过程中获得更多的实践机会,从而更好地

适应商务环境的需求。

(二)课堂教学设计要具有创造性

在高校商务英语专业教学中融入多元智能理论,要求教师积极调整自身角色,以凸显学生的中心地位。教师应精心设计教学任务,并倡导多元化发展。在多元智能理论框架下,教师不仅是教学的引导者和帮助者,更是智能唤醒的设计者和启发者。教师在整个教学过程中的作用至关重要。

教师应摒弃传统商务英语教学的陈旧模式,密切关注国家宏观政策和经济运行模式。根据社会发展趋势以及学生的学习状况和能力,灵活调整课堂教学设计。在为学生制定教学内容时,教师须以下两点为目标:一是遵循多元智能而教的原则;二是通过多元智能而教。

另外,在商务英语教学课堂中,教师应遵循多元智能理论的相关要求,注重培养学生的多种智能。尊重学生的课堂主体地位,同时充分考虑学生的认知水平和兴趣。根据学生的学习能力和状况,创设多元智能发展的商务情景。设计商务情景时,需结合教学内容和实际情况,并从语言交流、人际关系以及肢体运动等智能角度出发,激发学生的兴趣和积极性。营造愉快轻松的教学氛围,满足不同学生的智能需求。教师可以鼓励学生尝试多元角色,促进其多元能力的发展。

(三)科学利用大数据技术

在商务英语教学中,利用大数据技术是至关重要的。在商务英语教学整改过程中,我们需要深入挖掘其本质,对问题进行细致和量化的分析,绝不能回避或逃避问题。教育体制改革的关键在于全面优化教学质量和效率。在大数据技术的应用中,应分为课前、课中、课后三个阶段。首先,在课前阶段,我们需要通过数据分析来了解学生在预习中面临的主要问题,并制定相应的预习方案,以提升预习效果。其次,在课中阶段,应以小组学习为主要方式,结合教学大纲和内容。再次,我们还应积极利用U智慧教学平台,通过发布习题等方式帮助学生更好地掌握商务英语的核心要素,如发音、语法、单词和阅读等。我们还可以利用智慧教学平台的评分系统对各小组的表现进行评估,并在课后进行总结。最后,在课后阶段,我们需要提高学生的实践性,避免过度关注理论知识而忽视实践能力的培养。商务英语的特点在于口语和写作。为了有效地培养学生这两方面的能力,我们需要利用大数据技术。例如,学生可以通过阅读商务英语内容并将其输入数据系统,然后与标准数据进行比较,以评估他们在音韵、节奏、音律、单词和语句等方面的表现。这将帮助他们发现并纠正问题,为未来的学习奠定坚实的基础。此外,教师还可以利用微信和网络平台等在线工具对学生进行课后的指导,包括解答疑问和复习指导等。

(四)调整教学方法和教学手段

在多元智能理论的指导下,教师能够精准地调整教学方法和手段,使教学内容更具针对性。随着信息技术的进步,多媒体等现代教学手段在教学中的应用日益广泛。教师可利用这些手段,引入图像、视频、音频及文字等多种信息,从多元角度调整教学方式,提高学生的认知和感知能力。多媒体的运用不仅能调动学生的学习积极性、激发联想思维,还能提升学生的音乐智能和空间智能。

针对商务英语教学内容,教师可以巧妙地设计问题,通过提问来培养学生的逻辑思维智能。同时,利用具有启发性和逻辑性的问题,进一步增强学生的逻辑思维智能。此外,小组讨论研究也是提高学生人际交往智能的有效途径。

在课后,教师布置与商务英语相关的作业,使学生在完成作业的过程中提升观察智能。调整教学方法和手段不仅能锻炼学生的八种智能的和谐发展,还能进一步发掘学生的强项智能,使他们更深入地理解和掌握所学的商务英语知识。

(五)提高教师的综合素养

在大数据技术广泛应用于教学的背景下,教师作为关键主体,其作用不容忽视。为了提升师资团队的整体素养,专业理论、口语表达、工作经验以及阅读能力等方面的培训应成为重点工作。同时,教师需转变传统评价观念,强化大数据模块的合理运用和监管。

根据院校发展需求和市场环境,教学模式的创新势在必行。信息化教学模式和网络互动教育平台是当前较为盛行的选择。通过建设网络互动教育平台,商务英语教学可实现在线及课堂互动教学。教师可利用微信与计算机,在课前预习、课堂讲解、课下巩固复习等环节中,对学生的疑难问题进行统一作答。

此外,提问教学法也是强化师生互动的有效手段。教师需关注并激发学生的提问热情,如规范学习和正确发音等,并引导学生发现问题、思考问题、探索问题并提出问题。在实际教学中,教师可通过短篇故事的形式,培养学生的针对性提问意识。

互联网为商务英语学习提供了大量动态知识,但若无科学合理的引导,学生在海量信息资源中可能迷失方向,偏离教学目标。因此,教师应结合传统课堂教学方式,发挥适时引导、启发与监督作用,构建科学化教学设计,从而更好地利用大数据带来的知识资源并发挥其优越性。

(六)完善商务英语评价体系

在高校商务英语教学中,应用多元智能理论是一项重要的举措。首先,学校和教师需充分认识到学生的个性差异,并根据八种智能理论,为学生构建一个完善的商务英语评价体系。在评价过程中,教师还需根据学生的学习情况和能力,采取有效的策略来激发学生的潜能。每个学生接受能力和学习能力不尽相同,因此教师应为不同的学生设定不同的起点和评价标准。此外,在考核过程中,教师应对每个学生采用不同层次的考核方法,以确保评价的公正性和准确性。其次,商务英语评价活动应覆盖全体成员,并加强学生自评与互评等多项交互活动评价。这种评价方式可以提高学生的参与度和积极性,从而促进学生在商务英语方面的全面发展。最后,教师可以通过创设相关教学情境和奖励机制,进一步调动学生的学习热情。以诊断、激励和改进为主导,教师应对学生进行因材施教,充分挖掘每个学生的潜能。同时,教师应给予学生弹性、人性化的发展空间,以促进学生的各项潜能达到最佳水平❶。

---

❶李晓霞,张文勋.关于商务英语教学中多元智能理论的应用探究[J].现代英语,2020
(18):22-24.

第四节　需求分析理论下的商务英语教学研究

一、需求分析理论概述

需求分析是系统开发、产品设计或项目管理中非常重要的一项任务，它帮助我们理解用户的需求和期望，为满足这些需求提供解决方案。在需求分析过程中，有以下四个重要的理论和方法可以帮助我们更好地理解和满足用户的需求。

（一）用户中心理论是一个重要的需求分析理论

该理论强调将用户放在设计和开发的核心位置，关注他们的需求、期望和体验。通过深入了解和观察，我们可以更好地理解用户的真实需求，而不仅是他们表面上所说的需求。这种理论鼓励我们与用户进行互动，收集反馈意见，从而不断地改进产品和服务。

（二）分析需求的背景和环境对于需求分析也非常重要

环境理论提供了一个框架，帮助我们理解外部因素对需求产生的影响。这些因素可以是政策法规、技术发展、市场竞争等。通过了解这些因素，能够更好地把握用户需求的变化趋势，预见未来的需求并做出相应调整。

（三）需求分析中的生命周期理论也是一种重要的方法

该理论认为需求是随着时间和环境的变化而变化的，因此，需求分析应该覆盖整个产品或项目的生命周期。这种方法强调不断与用户进行沟通和反馈，并根据实际情况做出调整和改进。这样可使产品或项目在不同阶段都能够满足用户需求。

（四）需求分析的心理学理论也是非常重要的

心理学研究用户对产品和服务的感知、认知和态度等，并提供一些方法和工具来帮助我们深入了解用户的思维过程和行为模式。通过理解用户的心理需求，可以更加精准地设计和开发产品，更好地满足用户的期望和需求。高校教师应基于需求分析合理地设计商务英语课程,确保教学效果达到预期的教学目标❶。

二、需求分析理论下商务英语课程体系的建设

商务英语作为专门用途英语,在课程体系建设方面需遵循需求分析理论,确保教学与实际需求相契合。在构建商务英语课程体系时,应充分考虑社会、学校和学习者的需求,将之作为核心要素。

（一）要深入研究社会对商务英语人才的需求状况

随着全球经济一体化的深入发展,国际商务交流日益频繁,社会对具备商务英语沟通能力的复合型人才需求迫切。因此,商务英语课程体系的设置需紧密结合实际商务场景,注重培养学生的实际应用能力。

（二）学校在商务英语课程体系建设中需充分考虑自身实际情况和定位

各高校可根据自身的学科优势和特色,设置具有针对性的商务英语课程,以提升学生的就业竞争力。同时,学校需关注学生的学习需求,确保课程设置能够满足学生的学习期望和职业规划。

（三）教师在商务英语教学过程中扮演着至关重要的角色

教师不仅需要具备扎实的语言功底,还需具备广博的文化背景知识和商务领域知识。教师的专业素养和教学能力将直接影响学生的学习效果,因此,提升教师的"复合型"素质是完善商务英语课程体系的重要环节。

综上所述,商务英语课程体系的研究与实践需始终坚持以需求分析理论为指导,通过综合考量社会、学校和学习者的需求,不断优化课程设置和教学方法,培养具备国际竞争力的商务英语复合型人才。在未来的发展中,商务英语课程体系仍需在理论和实践方面不断地探索与创新,以适应不断变化的市场需求。

---

❶伊先婷.需求分析理论视域下商务英语专业人才培养路径[J].中国多媒体与网络教学学报(上旬刊),2023(8):196-199.

三、需求分析理论下商务英语教学存在的不足

（一）专业定位与市场需求脱节

目前,商务英语教学模式过于偏重大学英语化,其考试方法显得陈旧且单一。这种模式无法全面地评价学生的综合能力与素质,因为它没有从多个角度来考查学生。现有的专业课程大多过于强调语言基础,而忽略了商务英语的专业特点。课程构建缺乏专业深度,未能充分体现商务英语的跨专业、跨学科特性,关联课程设置也被忽略。

这样的课程设置缺乏实际的商务背景,更多地聚焦于纯语言教学,导致学生商务知识匮乏。课程内容未能将语言知识与商务技能有机融合,从而使学生在专业和应用技能方面显得力不从心。这不仅影响了学生形成综合职业能力,还制约了他们特殊用途英语水平的提升。

更严重的是,这种模式无法满足学生在职场进行商务活动的特殊需求,导致学生的知识结构与社会的实际需求之间存在显著的差距。

（二）培养目标定位与市场需求脱节

商务英语培养目标在知识与能力定位方面,主要存在两种偏颇之处:

第一种,过度沿袭普通高等教育以学科体系为核心的定位模式,旨在培养出所谓的"本科压缩型"人才。这种方式过于强调理论教学,却未能充分凸显出职业特性,导致所培养的人才与社会实际需求存在严重脱节。

第二种,效仿技工类学校的做法,过分强调现行岗位操作技能的现实需求,旨在培养出"岗位技能型"人才。这种方式过于注重实践教学,却忽略了高等教育作为高等教育的重要组成部分,应当平衡理论教学与实践教学之间的关系。

这两种倾向的人才培养模式均未能满足社会的实际需求,因此亟须进行改革和调整。

（三）培养模式与市场需求脱节

目前,商务英语人才培养模式主要涵盖了商务专业型与英语专业型两类。然而,这两类模式均未能妥善平衡知识、能力与素质之间的关系。

具体来说,商务专业型模式过于强调国际贸易知识或技能的培养,却忽略了语言交际能力的培养,导致商务英语专业逐渐向国际贸易专业偏离。而英语专业型模式则过于注重英语语言的培养,却忽略了英语作为商务交际工具的功能,以及专业知识的学习,导致商务英语专业蜕变成了英语翻译或英语语言专业。遗憾的是,这两类模式培养出的商务英语人才均与市场需求存在一定的脱节。

（四）教学方法与学生的需求脱节

商务英语作为专门用途英语,其教学应以培养学生的实际英语运用能力为核心,紧密结合社会需求和经济发展,注重培养学生的自主学习能力和团队协作精神。然而,当前商务英语教学存在一些问题,如教学方法陈旧、过于偏向大学英语化、仍在使用语法翻译法和听说法等传统方法,无法有效提升学生在商务岗位上的知识运用技能和综合能力。因此,我们需要对商务英语教学进行改进和创新,以满足学生的实际需求。

（五）师资水平与学校需求脱节

商务英语作为专门用途英语,对教学者的要求颇高。除了需具备扎实的英语基础功底,还需对商务英语专业所涉及的学科有全面而深入的理解。对于高等院校的商务英语教师,除了语言能力这一基本要求,还需具备商务理论研究的素养及较强的专业实践能力。

然而,现有的专业教师队伍结构不尽人意。大部分教师来源大学英语背景,他们往往缺乏商务知识的学习,对专业的内涵理解有限,缺少必备的商务背景。这导致他们在教学中难以充分考虑情景因素,同时缺乏在社会生产实践岗位上应用外语的经验。简言之,他们的"复合型"素质有待提高,未能实现师资队伍整体功能的优化。

目前,师资水平与学校教学需求之间存在一定的脱节现象,这使教师的供给无法满足学校教学的实际需求。

四、需求分析理论下商务英语教学实践

商务英语教育在我国尚处于初级阶段,其发展水平与当今社会需求存在显著差距。目前,商务英语专业的教育质量和学生数量无法满足社

会发展的需要。

商务英语课程设置普遍存在大学英语化倾向,过多关注语言基础课程,缺乏专业特色。课程建设未能充分体现商务英语专业的跨专业、跨学科特性,未能将语言知识与商务知识及技能进行有效的融合。此外,教学方法相对陈旧,大多沿用传统的语法翻译法、听说法等,过分强调英语语言能力的培养,而忽视了学生的跨文化交际能力、专业知识和商务技能的培养。

在这种模式下培养的商务英语专业学生,在商务知识和专业技能应用方面存在明显不足,无法在商务环境中有效运用英语进行商务沟通。他们的知识结构与职场需求存在较大脱节,从而难以适应当前社会的发展形势。因此,我们需要对商务英语教育进行全面改革,以更好地满足社会发展的需要。

（一）需求分析理论下商务英语专业课程体系模式构建的原则

1.专业培育方面要遵循社会需求和学生需求相结合的原则

基于社会实际需求,商务英语专业需进行精准的专业定位、培养目标定位及培养模式定位。高等院校商务英语专业的核心目标,是培养学生兼具英语语言技能与商务技能,并能将二者巧妙结合于各类商务实践之中。课程设计应以英语语言知识为基石,以传授商科专业知识为核心,注重专业技能的训练。课程内容应满足学生未来就业需求,同时需满足当前学习需求,旨在全面提升学生的英语语言运用能力、应变能力、实际操作能力、跨文化交际能力、沟通协调能力以及人文素质。

为确保课程体系的科学性与合理性,我们需深入分析用人单位对商务英语毕业生的具体需求与期望。在此基础上,我们应根据社会需求调整培养目标、进行专业定位的优化;同时,根据学生在不同阶段的学习需求,调整并优化培养模式。此外,对商务英语专业课程体系进行改革也是必不可少的环节,以培养出具备扎实语言功底、丰富商科知识与技能,以及拥有良好人文素质的"复合型"商务英语人才。

2.学科建设要遵循目标需求和学习需求相结合的原则

在构建商务英语专业课程体系时,我们应从学生的角度出发,深入分析目标需求和学习需求这两个关键变量。商务英语专业课程体系的构建,应遵循"以学习者为中心"的教育理念,并紧密结合学生的当前英语水平、学习环境、个体需求和学习策略等因素。

在目标需求的层面,我们应以"英语语言教学+专业知识教学(商科知识教学)+商务技能操作教学(商务实践教学)+人文素质教育教学"为目标模式进行构建。这种模式旨在使学生能够适应当前商务环境下的多样化岗位需求。

学习需求具有动态变化的特性。在课程体系构建过程中,我们应充分考虑学生在不同阶段所面临的英语水平和商科知识水平的挑战,以及他们在语言和商务专业知识学习过程中遇到的难点。基于这些因素,我们应提出有针对性的课程设计和改革方案。

作为商务英语专业所在的高等院校,我们不仅是教学目标的制定者,还肩负着协调学生需求与社会需求的重任。因此,在构建课程体系时,我们既要关注学生的学习需求,也要考虑用人单位的长期目标需求。能否满足用人单位的需求是评估课程设置成功与否的重要标准。

(二)正确处理语言知识、西方文化知识、商务知识的关系

商务英语专业学生的英语学习目标明确,即运用英语参与各类涉外商务活动。因此,学生必须掌握听、说、读、写、译等基本语言技能,并具备良好的沟通能力。在实施专业语言教学过程中,应以教学计划、大纲和教材为基础,对学生进行专业的指导。同时,融入英美文化和习俗,激发学生的学习积极性,并逐步提升他们的人文素养。但请注意,商务英语教学不能仅停留在语言层面,而是要将语言知识与商务知识进行有机的结合。语言知识的教学应为专业商务知识的学习打下坚实基础,并服从商务技能培养的需求,为商务语言技能的发展提供支持。在传授理论知识的同时,提高学生的语言应用能力;在语言学习的过程中,确保学生掌握专业知识。

（三）创新教学模式

传统的课堂教学过于偏重知识的灌输，而忽视了学生的思维拓展与实际操作能力的培养，创新教育更是无从谈起。商务英语教学则更加强调学生英语应用能力的提升以及实践工作中的动手和创新能力的培养。因此，商务英语教学应首先摒弃教师单一授课的模式，灵活运用多种教学方法，如情境设置法、问答法、任务教学法、交际教学法、案例教学法等。同时，应充分考虑学生的个性化需求和学习过程需求，激发学生的学习热情，挖掘学生的创造性思维，逐步培养学生独立思考和独立解决问题的能力。这样，学生才能树立自信，从容应对社会的挑战。

（四）合理配置教学资源

在商务英语知识和实践教学过程中，教师应充分利用丰富的网络资源，汲取国内外最新的商务资料，精心制作多媒体课件。这不仅可以增加课堂的新颖性和趣味性，还能有效地激发学生的积极性。另外，学院或系部可以考虑购买商务英语课程的网络学习平台软件，以便教师指导学生利用网络学习平台进行模拟或真实的商科知识实践操作。这种方法将有助于培养学生的自主学习和实践动手能力，从而全面调动学生的学习热情[1]。

第五节　CBI理论下的商务英语教学研究

一、CBI理论概述

在互联网的推动下，随着全球经济一体化的加速发展，我国企业逐渐走向世界舞台，外贸型企业的数量和规模也在持续扩大。自商务英语专业开办以来，为我国国际贸易的建设与发展培养了大量兼具英语语言知识和商务知识的复合型人才，作出了显著的贡献。然而，由于部分学校

---

[1]丁雅玲.需求分析理论视域下本科院校的商务英语教学改革探索[J].文化创新比较研究,2019,3(34):135-136.

专业建设发展时间相对较短,在人才培养过程中仍存在对专业与学科定位不够清晰的问题,导致人才培养质量有待提高,培养目标也略显模糊。目前,许多院校在商务英语专业人才培养方面,仅停留在英语和商务的简单叠加层面,未能实现两者的有机结合以达到复合型人才培养的目标,与时代发展需求存在一定差距,亟待进行改革。CBI理论为商务英语教学模式的改进提供了有效途径,有助于转变教学思路,培养出更多专业人才。

（一）CBI理论的含义

内容依托教学(content based instruction,CBI)是一种严谨、稳重、理性的教学方法,旨在将语言学习与专业内容紧密结合,以提高学生的语言基础水平和应用能力。该理论最早可追溯到加拿大20世纪60年代的"沉浸式"教学实验班。在语言教学中,CBI理论强调不能仅教授语法规则等单独的语言知识,而是要重视教学目的和教学内容,将教学重点放在专业内容和实践教学上。通过这种方式,学习者可以更好地理解语言的结构和用法,并在实际情境中运用语言,实现语言学习的最终目标。

（二）CBI理论的优势

1.CBI理论在激发学生学习兴趣方面具有显著优势

在CBI理论的指导下,教学方式新颖,多样化的教学手段有效地提升了课堂学习氛围,从而激发了学生的学习积极性与主动性。

2.CBI理论成功地融合了语言理论知识和专业教学内容

这种融合使课堂教学内容更贴近教学目标和生活实际,彻底改变了传统语言课堂教学枯燥乏味的状况,有力地推动了教学内容的改革,与时代发展潮流相一致。

3.以CBI理论为基础的教学注重构建学习环境,其核心理念在于教学内容

在这种模式下,学生能够主动吸收语言知识,提升语言应用水平,实现理论知识与实践技能的完美结合。

4.CBI理论强调教学的真实性

教师通过构建真实的语言环境,使学生在真实情境下运用语言。这

种做法有助于学生应对复杂的社会语言环境,从而真正提高交际能力和语言应用水平。

5.CBI理论转变了教师的角色

CBI理论使教学形式更加灵活多变,适应各种情境。教师由传统的主导者转变为引导者,针对不同学生采取不同教学模式,以适应各种情况,有效提高学生的语言能力。

二、CBI理论与商务英语教学

基于对复合型、应用型人才需求的深入理解,商务英语专业人才培养模式需进行与时俱进的改革。单纯依赖英语语言技能的训练,或是商务知识的孤立学习,均无法满足现代商务英语人才培养的标准。统计数据显示,我国合格的商务英语人才还存在较大缺口。

因此,传统的商务英语人才培养模式,仅注重英语技能而忽视商务知识,已无法应对国际商务领域的挑战。商务英语人才培养需走向复合化,需紧密结合市场需求。在培养过程中,应注重学生使用英语进行商务实践的综合能力,确保学生具备商业思维、商业习惯和商业行为,实现英语知识与商务知识的复合增值。为此,商务英语的定位需遵循"英语为本、商务为纲"的原则,确保英语与商务的同步关注和有机融合。

为实现这一目标,商务英语教学模式的革新势在必行。内容依托教学(CBI)应运而生,该模式将语言与内容有机结合,转移教学重点至通过学科知识学习语言。它不仅能提高学生的学科知识和认知能力,还有助于提升语言水平。

内容依托教学的理念基于认知科学和第二语言习得理论。认知科学研究表明,智力活动包括学习思考、沟通交流、获取知识、解决问题等,均需内容和过程相结合。因此,语言学习作为智力活动的一种,若要取得良好效果,需将语言技能与知识内容相结合。此外,克拉申的第二语言习得理论也为其提供了理论支撑。克拉申认为,最佳的语言习得方法是让学习者获得略高于现有水平的语言知识($i+1$),在宽松环境中不断输入。他还强调了真实语言的浸润在语言习得中的重要性。

相比之下,CBI理念以学习者即将学习的内容或信息来组织教学,而不是仅依赖语言大纲。它倡导通过主题内容的学习来获得和提升语言能力,其具有很大灵活性。学生在获取学科主题知识的同时,能习得语言能力、知识技能和批判性思维能力,这带给他们智力挑战和全新感受,增强学习兴趣和动机。

鉴于商务英语的专门用途英语属性,单纯的通用英语教学已无法满足其人才培养目标。教学模式需从单纯关注语言转向既关注语言(英语)又关注内容(商务),而CBI正好满足了这一转变需求。因此,将CBI理念引入商务英语教学能有效促进英语与商务知识的有机融合,使学生在获取商务知识的同时提升英语应用能力,最终成为兼具英语和商务知识的复合型、应用型人才。

三、CBI理论下的商务英语教学创新

在商务英语教学中,教师需避免纯粹的语言知识传授,也不能机械地讲解商务知识。相反,他们应结合各类商务主题,明确学生的学习目标,并采用多元化的教学方法。在确保学生理解商务知识和英语语言运用的基础上,教师应指导他们通过协作调研和合作探究等方式,完成与实际商务活动紧密相连的课堂任务。这有助于学生在实践中学习语言和商务知识,进而培养他们运用英语进行商务沟通的能力。

基于CBI教学理念,商务英语教学的内容选择应紧密结合学生的专业知识。这意味着在实施特定教学任务时,教师应将英语听、说、读、写等技能与学科知识相结合,为学生提供真实的专业学习环境,从而促进他们的语言和技能发展。

"互联网+课堂"模式也正在改变传统的师生教学方式。教师运用项目驱动和翻转课堂等方法,使课堂转变为引导学生掌握学习策略和答疑解惑的平台。学生则可通过慕课、微课和微信等在线交互平台获取真实的地道语言材料。这种模式使学生从被动接受知识转变为积极利用资源、处理信息和应用知识。

结合CBI教学理念和"互联网+课堂"新型教学模式,大学商务英语学习突破了教材、时间和空间的限制。它实现了教师、学生、教学资源与专业学科知识的有效互动,将线上与线下学习、课上与课后学习紧密

结合。

（一）以真实有效的商务案例促进课堂教学

在商务英语教学中，我们应该充分利用互联网和CBI理念，通过选取真实有效的商务案例来提升教学质量。为了更好地满足学生的学习需求，高校应深入分析未来核心岗位的技能与知识结构，以及所需的英语相关知识。同时，我们应开展网上调查，了解学生喜欢的内容或话题，以便更好地指导教学计划的制订。

在制订教学计划时，我们应该基于数据分析处理的结果，明确商务英语教学的内容。教师也应遵循针对性、个性化的原则，选取合适的教学内容，并为学生创设真实的任务情境。为了提升教学效果，教师可采用慕课、微课、在线习题、在线讨论等多元化的教学模式。

以《体验商务英语综合教程3》第七单元为例，该单元的主题为文化。在教学过程中，我们应该注重培养学生的跨文化意识，让他们了解不同文化之间的差异以及在国际商务活动中的重要性。然而，由于教学材料的限制，学生对于文化背景差异的理解存在难度。因此，课程团队应积极寻找相关案例，并确保案例的真实性和贴近实际。

为了解决这个问题，课程团队可以委托有跨国国际商务交流经验的教师结合自身经验编制真实案例。这些案例不仅能激发学生的学习兴趣，还能帮助他们更好地理解文化差异。在课堂上，教师可以利用这些案例引导学生进行讨论和交流，进一步加深他们对跨文化意识的理解。

通过引入真实案例，商务英语课堂将变得更加生动有趣。学生的参与度和积极性将得到提高，教学效果也将得到显著提升。因此，我们应该在商务英语教学中注重案例的选择和应用，以便更好地满足学生的学习需求。

（二）学用结合，通过情境任务设计让课堂更富挑战性

在商务英语教学中，任务型教学法注重实践与应用，强调学生在"干中学"和"用中学"的教学模式中发挥主体作用。在商务英语课堂实践中，教师应将重心放在商务场景下的任务完成上，并根据不同商务场景

的要求以及学生的语言和专业能力设计教学活动。这样的方式为教师和学生提供了更广阔的空间,使学生有机会接触更多的教学资源,使课堂更具趣味性和挑战性。

然而,这也对教师和学生提出了更高的要求。为了激发学生的兴趣和参与度,教师在课堂设计时需确保内容丰富、形式多样、有趣且易于参与。由于商务英语课堂任务涉及商务背景知识,教师备课的难度加大,挑战性显著高于通用英语课堂。而学生需在掌握商务知识和英语语言的同时,用英语完成商务任务,可能会感到压力和困惑。因此,教师需具备应变和灵活处理课堂状况的能力,并掌握课堂节奏。

以《体验商务英语综合教程3》第七单元的国际接待任务为例,为增强学生的参与性,我们对任务进行了创新设计。按照学生的兴趣,我们将任务调整为"有朋自法国来"。学生需通过网络等渠道查找法国文化相关资料,完成"doing business in france"的调研任务。随后,以小组形式对接待法国客人的任务进行整体规划,提交任务策划案(proposal),并将策划案以商务情境短剧的形式在课堂上展示。此任务不仅锻炼学生的文献查阅和资料整合能力,还考验其商务策划的综合能力。通过商务情境剧的展示,使课堂内容丰富、形式多样、寓教于乐。对于因缺乏实践经验且准备不充分而设计不合理的小组,如机场接机环节安排送法国客人一本厚厚的"法汉大词典",教师应利用点评机会引导学生发现问题、讨论问题并寻找答案。通过商务情境任务的设计与完成,使课堂更具挑战性。

(三)采用"互联网+课堂",满足学生多种学习需求

将"互联网+课堂"应用于商务英语教学,不仅可以丰富教学内容、拓展教学时空、创新教学方式,而且能将教师、学生及教学过程紧密结合。学生可以通过手机、笔记本电脑和平板电脑等设备登录在线学习平台,实现个性化、差异化的学习。这种学习模式有效地弥补了传统教育资源不均和学习环境受限的问题。针对商务英语专业学生普遍存在的基础词汇薄弱问题,微课这一形式能将繁杂的语言点和知识难点进行精简制作,形成富有趣味性的教学视频。这些视频通常在10分钟以内,既方便

学生随时观看,也拓展了学习的时间和空间。此外,"互联网+课堂"的教学模式有效应对了教学改革带来的课时压缩和与学生互动不足的问题。通过校园网、局域网和微信App等网络渠道,学生可以提前预习和课后复习,并在课堂上与教师进行深入的交流和讨论。教师除了录制微课,还可以布置与教学内容相关的课外学习任务,为学生提供真实环境下的学习材料,并确保有效跟进和巩固学习效果。

(四)形成性评价,期末不再一卷定乾坤

自20世纪60年代Michael Seriven对终结性评价和形成性评价进行阐释和比较以来,形成性评价逐渐受到学者们的关注。进入20世纪90年代后,专家学者们开始深入研究形成性评价对教学的影响。研究表明,终结性评价只关注学生最终课程考试的成绩,却忽视对学生学习过程和教师教学过程的反馈和指导。在这种情况下,形成性评价的优势得以凸显,它能够通过监控形成性评价的过程,有效地指导学生进行学习,并促使教师随时调整教学设计和方法。

在《体验商务英语综合教程3》中,包含了许多商务训练任务,如商务电话沟通、商务会议主持、商务宴请、商务旅游等。通过形成性评价的方式,可以将这些任务设计成不同的学习环节和形式,每个环节的完成都可以作为形成性评价的一部分。形成性评价的形式多样,包括商务讲解、商务情境口头呈现、商务任务策划、商务会议设计及组织、商务报告等。

以商务讲解为例,它作为商务英语课堂中的一种形成性评价方式。商务讲解也被称为商务演示或商务呈现,是商务英语专业学生需要掌握的核心能力之一。这种能力是一种综合性能力,涉及英语语言能力、文献查阅能力、资料整合能力、现场展示能力、商务沟通能力以及团队协作能力等多个方面。通过整合教材内容,我们将综合商务英语课堂的任务按照不同主题进行分配,形成商务讲解任务。学生需要以小组合作的形式进行前期调研、资料收集和文案准备工作,并在课堂上进行团队展示。教师根据展示情况进行提问和讲评,并对整个展示任务的每一个环节按照任务类型和展示效果进行量化评估,从而综合得出小组成绩。这种形成性评价方式不仅能够促使学生积极参与课堂活动,提高他们的实践能力,同时能够帮助教师更好地了解学生的学习状况,为后续的教学提供有价值的反馈[1]。

---

[1]彭富强.CBI理论影响下的商务英语教学研究[J].教育教学论坛,2020(21):277-278.

第五章 互联网背景下商务英语教学实践研究

第一节 跨境电商市场下的商务英语教学研究

一、跨境电商行业发展概况

在 21 世纪,互联网推动了国际贸易的变革,跨境电子商务的兴起。尽管我国传统国际贸易形势严峻,跨境电子商务却展现出蓬勃的发展态势,成为外贸和经济增长的新引擎。然而,该行业面临人才短缺问题,教育部在高职高专和本科院校中新增跨境电子商务专业以满足市场需求。虽然跨境电子商务在高校中受到关注,但行业仍处于发展阶段,相关课程和人才培养模式需深入研究与探讨。高校应紧跟时代潮流,培养出符合市场需求的跨境电商人才,为全球发展贡献力量[1]。

二、跨境电商发展为商务英语带来的全新机遇

时代的发展使国家整体的经济建设焕然一新,尤其在"一带一路"倡议指导方针的部署下,我国对于外贸交易的重视程度也不断加深。在未来的发展过程中,针对外贸易方式将会呈现出更加多元化以及更具便捷性的模式,全球贸易的快速发展,在新时代的经济体系建设推动下,迎来了前所未有的繁荣景象。

现如今,人们不仅处于在新时代的快速发展浪潮中,更随着互联网等信息技术的快速崛起,将人们引领到了电子商务的时代,越来越多的电子商务将目光聚集到了跨境贸易的行业领域,也在此领域更为积极开展

---

❶朱志明.跨境电商市场视野下的高校电子商务英语教学改革策略研究[J].海外英语,2022(10):154–155,157.

有关出口贸易平台的建设,这对带动国家经济发展与实现创新改革有着十分重要的发展作用。

在分析跨境电商领域时,能够了解跨境电商工作主要所指的是国际贸易与电子商务这两大领域的工作结合。所以,在发展形势下,跨境电子商务所需要的专业人才数量也在同年比例下不断增长,然而对于这种专业综合人才的需求也具有一定的标准,要求这类人才必须具备更为完善的商务贸易能力以及英语交流能力,其中涵盖了电子商务知识、跨文化交际知识以及国际贸易知识等。在这种形势下,我国的高校在商务英语教学过程中不仅要延续传统语言沟通技巧的教育,更要着重对跨境电子商务知识以及外贸操作能力的灌输。

在如今电子商务的发展洪流中,只有具备更为丰富的专业技能,才能够在贸易行业转型优化升级中实现创新,而在今后的发展进程中,电商发展为商务英语带来了全新的挑战和机遇。作为高校,在商务英语教学过程中必须顺应时代和经济的变化,培养符合跨境电商需求的综合型人才。

(一)跨境电商对人才的需求

所谓的跨境电子商务指的是分属于不同关境的交易主体,在通过电子商务平台完成整体交易之后,可以展开支付结算,并通过跨境物流来配送商品,完成最终交易,这属于一种国际化的商业活动体系。

从交易主体结构来看,绝大多数的交易对象都是国外客户,而作为国际通用语言的英语来说,在跨境电子商务当中,对于英语语言的掌握程度要求极高,相关从业人员必须具备更为专业且优良的商务英语基础,也就是所谓的跨文化语言商务沟通。不仅如此,对于此类人才的需求,还需要将英语更好地运用在说、读、写、译等多个方面,这也极为考验相关人员的水平与能力。

从当前市场跨境电商企业岗位职责与岗位应征需求来看,绝大多数的跨境电商企业在人才需求方面都极为严格,不仅要精通跨境电商平台的整体操作流程,更要了解跨境电商业务的具体流程,而且必须具备极强的业务交流能力和语言沟通能力,总的来说,跨境电商企业所需要的是既懂业务又能熟练运用语言的综合型人才。

（二）商务英语专业人才在跨境电商中的作用

1.加快TPT平台的发展

跨境电子商务,作为第三方服务机构平台,其重要性不容忽视。这些平台不仅为买卖双方提供翻译、物流等基础服务,更是构建网络渠道的关键桥梁。因此,企业必须对与第三方平台相关的人才培养问题给予高度重视。为了保障企业的权益,对平台服务内容的深入了解是必不可少的。同时,企业需警惕不法分子利用平台交易牟取暴利,以免影响企业开发优质客户资源的渠道。通过培训企业内部商务英语专项人才,将为企业实现快速发展提供有力支持。

2.协助电商企业适应市场

跨境电商的外部市场交易环境具备高度的灵活性和开放性,较少受到供求关系的限制,这使其能够紧跟国际市场的发展步伐。对于一些在国内市场上销量欠佳的产品,在其他国家和地区却有可能实现销量的飞跃式增长。若企业对这一市场特性理解不足,可能会导致供应与需求之间的失衡,进而阻碍企业的长远发展。因此,在开拓海外市场的过程中,企业必须高度重视对商务英语专业人才的培养。这些专业人才不仅能够在商品销售和客户关系维护方面发挥关键作用,还能帮助企业及时地掌握国外市场的消费需求变化,从而灵活调整产品供应量,更好地适应不断变化的市场环境。

3.储备批发零售平台相关人才

跨境电商作为互联网经济中的新兴产业,正推动着传统海外贸易企业实现高效转型。在产业高速发展的背景下,企业可以迅速引进各类批发零售商品,并有效积累海外客户基础。与此同时,与国外企业或网络平台建立稳固的合作关系,已成为跨境电商企业的核心业务之一。针对商务英语专业人才的培养和实战经验的积累,有助于企业在零售平台上培养出具备管理能力的人才,进而建立起一支独立且专业的人才队伍。这种人才储备模式,将为企业实现可持续发展提供有力支持,降低对外部人才引进的依赖,从而克服每年人才流动、短缺的问题。

三、跨境电商市场下的商务英语教学

随着如今互联网技术的快速发展以及信息技术的广泛应用,我国的电子商务呈现出了如火如荼的发展形势,跨境电子商务的发展已经成为新时期下对外贸易发展的主流趋势。在如此形势下,高校商务英语专业课程必须重视全面的改革与调整,将传统的商务英语教学模式进行转变,注重跨境电商行业的综合需求,要更好的顺应电商时代的发展原则,以商务英语专业教学作为突破点,培养出更多跨境电商人才。

（一）商务英语教学现状

就现阶段商务英语教学现状来看,仍然存在较多问题,需要高校尽快地进行调整与优化。影响商务英语教学发展的现状问题主要来源于以下三个方面。

1.高校人才培养不科学

高校在开展整体教育教学环节中,需要注重培养学生的综合素质能力,有效提高学生的职业技能。因此,在设置各项商务英语课程时,必须强化学生对于商务英语的应用能力。但是,在现阶段的商务英语教学中,绝大多数的课程设置都仅注重学生语言交流和沟通能力,却缺乏英语与商务处理的统一性,使语言与商务剥离,使语言学习者未能跟上新的经济发展形势与需求,以至于在当前的培养模式中难以呈现出与当今跨境电商行业发展企业相吻合的综合型人才。

2.课程体系设置缺乏优化调整

在跨境电商行业繁荣发展的背景推动下,商务英语教学应当注重强化整体跨境电商岗位针对性的课程规划内容,但是在现阶段的商务英语教学过程中,无论是高校管理层还是教师,都缺乏对于实践性商务英语教学内容的应用。在相关教材的选择上,教材内容与当前跨境电商行业的实践性发展相差甚远,在商务英语教材与各项边缘教材无法与跨境电商行业发展相贴切的状态下,学生对跨境电商的理解过于模糊,在学习过程中也仅仅是通过教材和教师的理论灌输而进行顽固的记忆,缺少对综合能力的提高。

3.缺乏"双师型"教师团队

就目前的高校来说,"双师型"教师团队的建设极为重要。一支优秀的教学团队是稳定开展各项教育事业的重要基础保障,而且教师团队也是确保教学品质和效率的关键。但现阶段高校商务英语专业教师绝大多数都是英语专业毕业的学生,本身在英语知识和专业素质方面较为丰富,可是对于商务层面的知识了解程度并不充分,也缺乏实践工作经验,以至于在英语教学过程中很难将语言与跨境电商内容相融合。从本质上理解,就是高校缺乏对于"双师型"教师团队的培养和建设。

（二）跨境电商的商务英语教学改革路径

1.全面改革人才培养模式

（1）要深度考虑到当前跨境电商行业发展的优势与特点

对于商务英语教学来说,必须更为紧密地去贴切跨境电商实际岗位能力方面的标准需求,要将学生作为教育核心,努力去培养符合跨境电商发展的专业化人才,而且这种具有综合优势的专业人才也要在国际业务中展现出自身独特的语言优势。

（2）外贸、网络营销和英语的综合统一

在高校的实践教学环节中,应当时刻谨记外贸、网络营销、英语这三方面的综合统一,应将这三个方面归属于一个整体目标,并将此纳入商务英语人才培养目标。

（3）必须深化改革人才的整体培养模式

在跨境电商行业发展过程中,从新品发布到订单处理再到后续的商品售后服务体系中,每一个环节都需要依靠商务英语来展现其听、说、读、写、译的基本技能,这对于高校商务英语学生而言是不可缺失的重要基础技能,在商务英语人才培养中应突出语言的应用性,强化语言实践性的教学环节。同时,为顺应对外贸易发展形势,在商务英语人才培养中,还应根据外贸工作流程需进行教学,围绕跨境电商工作任务整合理论与实践,为学生提供体现完整工作过程的学习情景,将工作任务与知识技能相联系,从而激发学生的学习兴趣,增强其就业竞争力。因此,在高校的商务英语人才培养中,应构建"以培养岗位职业能力为目的,以商务工作过程为导向,以英语为核心,以技能为重点"的人才培养模式。

2.深入优化课程体系设置

(1)深度完善整体商务英语的课程体系建设

深度完善整体商务英语的课程体系建设是顺应跨境电商业务发展、培养对口人才的重要基础。在高校商务英语教学层面,必须强化整体跨境电商岗位的教育针对性,尤其在整体课程内容设置上,必须更为科学化、合理化地安排每个学期的课程开设时间以及开设内容。

(2)注重核心性的商务英语课程

在合理顺序的安排下,关于商务英语函电等核心性的商务英语课程,在开设过程中要将时间线靠前,这样能够为后续的跨境电商业务实践运行创造更为坚实的语言基础。而关于教材的选择,必须挑选更为贴切跨境电商行业的实践性英语教材,从某种层面上来说,也可以更为深入地鼓励教师去开发创新,创新一种更能够贴合跨境电商行业发展所创编的校本教材。

(3)增加选修课

针对与跨境电商有关的一些边缘学科,可以通过选修课的方式呈现在学生面前,这样能够帮助学生更为全面地了解跨境电商行业领域相关的知识体系,并完善实践与理论的双向融合。

可以说,课程的有序开展,能够为学生带来更为有效的跨境电商业务情境模式,在整体模式当中,可以有效推动学生对于相关跨境电商业务解决的能力提高。因此,有效优化课程体系设置十分关键。

3.加强双师教学团队建设

(1)传统高校师资队伍建设不足的情况必须及时调整

作为相关院校来说,必须强化双师团队的建设工作,双师团队也可以称之为"双师型"教师团队,在整体教师团队中,这种"双师型"的教师具备着教师资格证以及其他职业的资格证,具有双向能力。不管是在理论教学方面,还是在实践教学方面,都有着更为雄厚的教学实力,而这种"双师型"的教师对于商务英语专业教学来说就有着极为明显的优势。

（2）鼓励教师进入企业实践学习

在新时期的教育环境下，尤其在跨境电商时代的快速发展下，高校商务英语教学也针对双师型教师提出了更高的能力要求，部分高校必须重视对于双师团队的建设，最重要的就是要强化教师进入企业展开锻炼实习，这样才能够切合实际地将实践与理论进行融合学习，并在经验积累与教学规划下，更好地将知识与理论传授给学生。

4.重视构建校企合作模式

深度改革高校商务英语教育模式的最终目的，就是要应对外贸发展的新形势。所以，高校必须着重培养出一大批具有时代鲜明特点的实用型外贸人才，这样才能够满足众多外贸企业在发展过程中的需求。因此，在实际课堂教学过程中，大量的知识以及丰富的教学模式可以为学生带来一些更为基础性的理论学习内容，但是却无法真正有效地培养学生在实际岗位生存工作的能力。面对这一现象，高校必须着重将学生的实际运用能力进行塑造。

高校和教师应积极构建校企合作教育模式，深入强化商务英语专业的校企合作架构，让学校与外在企业合作中可以充分展现出自身的价值，同时促使企业能够在学生成长和发展的整体进程中，为学生的教育和学习提供更多实践性机会。由此，能够在复杂且真实的跨境电商环境下，帮助学生提高自身的综合能力以及知识的实际运用能力。

通过校企合作模式的构建，能够让学生在步入工作岗位之前拥有过渡环节，提前体验跨境电商工作环境，而且也能够从整体体验过程中找寻自身存在的弱点并进行调整，这对于学生知识系统和综合能力发展具有一定的助力作用。面向高校改革创新的进程中，作为教师必须着重专业能力的效果塑造。因此，提高商务英语教师的实践能力也成为了十分关键的一环。

综上所述，在新时期的发展背景下，跨境电商行业急速发展，这也促使高校的商务英语教学必须顺应时代进行创新改革。在电商时代的发展洪流中，高校必须与时俱进地调整教育体系，针对商务英语教学进行创新优化，完善与跨境电商行业市场的有效衔接，培养出更符合社会企业实际需求的综合型专业人才❶。

四、跨境电商市场下的商务英语人才培养

（一）跨境电子商务环境下商务英语人才培养难点

1.培养对象过于模糊，缺乏针对性

多数高校以培养英语基础人才、为跨境贸易提供合格的专业人员为主要教学目标。然而，由于培养目标过于笼统，往往无法满足企业的实际需求。为了解决这一问题，部分高校在商务英语课程中明确了教学目标，即强化商业英语技能和实践能力。但在实际教学中，仍采用综合测评作为人才考核标准，导致教师难以预判学生在实践中遇到的问题，尤其是商务英语口语实践教学测评的掌握程度难以判断。因此，高校应更加注重实践教学，采用更加科学的考核方式，以确保学生具备实际应用能力，满足企业的需求。

2.教育内容与社会需要不匹配

随着我国对外贸易的迅猛发展，跨境电商等领域的崛起对人才也提出了更高的要求。为了满足行业对人才的需求，高校商务英语专业的教学内容必须以学生的全面发展为导向，不断进行优化和更新。若固守原有课程内容，不跟随行业发展的步伐，便会导致所培养的人才无法满足社会的实际需求。

目前，许多高校商务英语专业的教学内容过于偏重英语语言的理论知识，虽然看似全面，但在缺乏实际语言环境的情况下，难以培养出高水平的口语人才。现有的口语技能培训多局限于教室之内，未能为学生提供真实的语言应用场景，导致学生的口语水平普遍偏低，难以满足职场的需求。

3.硬件配套设施不完善

教学设备是高等教育的关键支撑，是提升教学质量和实现人才培养的重要辅助工具。然而，在现实情况下，部分高校在实施高素质人才培养过程中，面临着教学设备不足的问题。部分课堂缺乏多媒体教学器

❶余薇.浅析跨境电商高职商务英语教学改革路径[J].中国科技期刊数据库 科研,2022（8）:41-43.

材,仍在使用传统的黑板教学方式,这使辅助教学设备的优势无法得到充分发挥,从而严重降低了人才培养的效率。特别是在跨境电子商务英语课程中,由于缺乏适当的仿真设备,学生在实际教学中无法进行有效的实践操作,这直接影响了人才的专业素质和实际能力。因此,高校应重视教学设备的配置和完善,以适应高素质人才培养的需求。

4.实践平台匮乏

作为从事跨境电商专业的人员,除了具备较高的英语熟练程度,还应具备独立处理相应业务的能力。人员需具备高水平的英语能力,同时需独立完成多项业务能力,如搜寻目标产品、调研商品信息以及用英语推销公司等。这些实际操作环节,都要求商务英语专业学生具备良好的商业英语沟通能力。培养学生的实际操作能力是使其快速适应相关岗位的关键途径,而培养学生的实际操作能力,是促使他们快速适应相关岗位的主要方法。因此,高校在跨境电商实训平台方面的不足是影响学生实际应用能力的主要因素,是制约学生实际应用能力的一个重要因素。

5.校企合作力度不足

在跨境电子商务英语专业人才培养过程中,实习教学环节相对薄弱的问题较为突出。究其原因,主要是校企合作不够紧密,企业与院校的合作潜力及自身优势未能得到充分发挥,导致学生缺乏实习机会,从而制约了人才培养的效果。为解决这一问题,高校应加强校企合作模式的探讨与实践,充分利用高校和企业各自的优势资源,重点培养学生的实践能力,以使他们更好地适应跨境电商行业的实际需求。

（二）跨境电子商务环境下商务英语人才的培养路径

1.企业方面

（1）完善企业内部培训流程

在跨境电子商务的大背景下,企业应积极帮助员工熟悉客户资源和市场需求,掌握先进的平台操作技巧。在员工学习商业英语的过程中,结合平台操作技能进行培训和实践,提升员工的综合能力。此外,企业还应注重培养员工的商务礼仪和语言表达能力,以提升其职业素养和工作习惯。对于新加入商务英语团队的员工,企业应进行全面的评估和测试,以便为其制订合适的培养计划和内容。

（2）加强对优秀人才的培训

为确保企业的长远发展,我们应从员工的职业发展空间与工作能力出发,帮助他们深入理解商业英语人才所涉及的业务领域,并不断地提升他们的认知水平。为实现这一目标,企业应进行系统的员工培训,从中甄选出具备高素质的管理人才,并支持他们深入研究售后服务工作。此外,其他员工也将参与与销售相关的业务活动。对于那些具备一定语言表达和交际能力的员工,我们将重点培养他们的服务技能,使他们能够胜任公司所需的英语专业服务工作,并持续提升他们的综合能力。

2.高校方面

（1）电商结合创新培养

根据目前行业的发展趋势,高校的人才培养目标需与时俱进。为此,我们有必要对跨境电子商务专业与商务英语专业进行整合,从而形成一种创新型的人才培养模式。在网络技术日新月异的今天,客户已不仅满足于线下购物,更倾向于通过网络平台浏览商品信息、与企业进行商业谈判,并最终达成合作。跨境电商作为一种新型的外贸模式,已逐渐获得国内外消费者的青睐。

为确保人才培养与企业需求相匹配,高校在确定人才培养方向时,应紧密结合国际贸易产业的未来发展趋势。同时,我们应根据行业动态及时调整人才培养策略。在商务英语口语教学中,我们不能仅停留在传统理论知识层面,而应加强国际贸易实务与理论的融合。尤其在商业英语教学环节,应着重培养学生的口语实际运用能力。

具体而言,教师在口语教学中可适度引入跨境电商商务洽谈中的专业词汇。通过模拟实际工作场景和社会实践活动相结合的方式,使学生能在未来的国际贸易谈判中展现出自信、流畅的交流能力。这样不仅有助于为企业培养一批具备高度针对性的优秀人才,还能为推动国际贸易产业的持续发展作出积极贡献。

（2）以赛促教、以赛促学的培养模式

在注重实践应用的环境下,商务英语专业学生应具备优秀的口语表达能力、强大的心理应变能力和丰富的实际操作经验。为了提高教学质量和学习效果,高校商务英语专业应将比赛作为人才培养的一种重要手段。学校应鼓励学生参与相关竞赛,并组织专业教师提供全程指导,帮助学生不断提升职业技能。通过比赛,学生能够将理论知识与实践紧密结合,积极运用英语口语进行商务交流。教师在比赛过程中为学生解决口语问题,这将有助于提高学生的英语口语能力,从而顺利实现"以赛促教"的目标。

(3)基于跨境电商产业的发展趋势,优化产教融合

为提升高校教育质量并培养更多具备跨境电商技能的人才,各高校应与当地电商企业加强合作,不断优化教育模式。高校需积极引入跨境电商相关课程,并在校内设立专业机构,为学生提供实地观察和学习的机会,以加深其对跨境电商运作的理解。

此外,高校与企业可以进一步联合建立产教结合基地,专门针对跨境电商领域。在此模式下,高校与企业分别选派英语口语能力出众的教师及员工,共同组成教学小组。他们可以在实际的跨境电商谈判中向学生展示口语谈判技巧,并安排学生分组参与实际工作。

通过校企合作搭建的实践平台,学生不仅能够深入了解企业的实际运营情况,还能在真实的工作环境中进行实践练习。这有助于学生更好地适应未来的工作岗位,并提高其在实际工作中的表现。通过这种强化校企合作的模式,可以实现教育与企业发展的双赢。

在全球化的时代背景下,跨境电商的迅猛发展对高等职业技术学院商务英语人才培养也提出了新的挑战。传统的、守旧的人才培养模式已无法满足当今社会的需求,因此,改革商务英语专项人才培养方式显得尤为迫切。为提高教师队伍的能力,可鼓励教师参加校外企业进修,或引入企业专家参与教学,以便更有效地指导学生,培养出适应市场需求的复合型人才。通过持续的教育创新与改革,我们必能为国家乃至全球培养出更多优秀的英语人才,从而推动跨境电商行业的繁荣发展❶。

---

❶段君.跨境电商背景下商务英语人才培养模式创新[J].人才资源开发,2023(8):36-38.

第二节 外贸企业与商务英语教学的融合

一、外贸企业的发展及现状

（一）外贸企业发展历史

在中华人民共和国成立初期,我国外贸企业开始起步,与其他社会主义国家建立贸易关系。1979年改革开放后,外贸专营权逐步放开,外贸企业体制进行改革。1991年,省级外贸公司自负盈亏、独立经营,我国外贸企业进入国际化阶段。取消进口调节税和进口配额计划,进出口逐渐向国际化和市场化方向发展。1993年开始大量外贸公司成立,2000年实现外贸国际化,我国进入完全竞争阶段。2004年修订《对外贸易法》,2005年和2006年简化设立采购点审批手续,规范政策环境。

（二）外贸企业发展现状

我国外贸企业虽然在对外贸易发展历程中起步较晚,但迅速崛起并取得显著发展。然而,随着市场变化和外部环境的不确定性,传统外贸企业的发展模式面临挑战,生存压力加大。主要原因是国际市场需求疲软和发达国家经济状况受金融危机影响。这些因素导致全球经济增长放缓,消费品国际贸易增长动力不足。

另外,我国外贸企业的传统竞争优势正在减弱。过去,外贸企业对我国经济发展贡献巨大,但如今未能及时创新、调整,导致竞争力下降。新的竞争优势尚未形成,使外贸企业面临更严峻的生存环境。发达国家减少从中国进口,并采取遏制策略。

然而,互联网普及为外贸企业带来新的发展机遇。互联网技术对产品生产和引进、推广等方面产生深远影响。外贸企业可利用数据分析了解消费者需求和关注点,更好地指导生产和引进。互联网也成为产品推广的新渠道,许多外贸企业选择在互联网上进行广告投放并取得良好效果。互联网的优势包括更快的传播速度、更广泛的传播范围和更低的传播成本等。应用互联网技术还能提升消费者忠诚度和企业核心竞争力，从而创造更多利润。

二、外贸企业对于商务英语人才的要求

在外贸企业的转型过程中，人才作为核心要素，其转型与升级至关重要。在互联网的背景下，"互联网+贸易"这一现代国际经济贸易新模式在国内市场的引入，必然会对我国外贸企业的人才招聘格局产生深远影响。对于外贸企业而言，商务英语人才不仅需要具备流利运用英语与对方交流的能力，还需要成为复合型人才。这是因为商务外贸活动涉及多个环节，商务英语人才需在英语交流的基础上，掌握国际贸易、外贸函电、商务流通、专业术语、合同规定以及付款方式等方面的知识。然而，此类复合型商务英语人才在国内市场极为稀缺。

（一）丰富的经验

在中国的外贸行业中，一些企业过于依赖外部引进的人才，而忽视了对内部员工的培养。这些企业认为培养外贸人才不仅需要大量的时间和财力投入，而且在培养过程中，经济效益难以得到快速提升。此外，企业还担心投入资源培养的人才最终流失。

目前，许多外贸企业普遍认为应届毕业生缺乏实际操作经验，对国际贸易法规和业务流程的理解不够深入。因此，具备丰富经验、熟悉国内外贸易法规和操作流程的商务英语人才仍然是企业争相追逐的目标。

然而，目前市场上拥有各种岗位证书的人才数量相对较少，这也成为制约外贸企业发展的一个因素。

（二）英语口语流利

作为一名外贸工作人员，由于需要与国外客户进行频繁的谈判、沟通和洽谈，或从事翻译工作，因此具备流利的英语口语能力显得至关重要。在许多外贸企业的招聘过程中，拥有大学英语四、六级证书也是基本的要求。此外，在面试过程中，英语口语面试环节也是必不可少的，以评估应聘者的英语实际运用能力。

（三）具备熟练的计算机操作能力

作为外贸工作人员，需要处理外贸函电并制作单证。多数外贸企业都有自己的官方网站，员工需在网站上发布商品信息。因此，熟练掌握计算机操作能力不仅是外贸工作人员必备的基本技能之一，也是多数外贸公司的招聘要求。

（四）具备一定的营销能力

从事外贸工作的核心目标就是实现产品销售，确保成功地将产品推向市场至关重要。目前，具备互联网精准营销技术的人才在人才市场上相对稀缺，企业需要投入一定的时间和资源来培养对口的互联网销售技术型人才。然而，许多中小型外贸企业正面临着技术人才短缺的问题，导致销售工作缺乏明确的方向，从而造成资源和成本的浪费。因此，商务英语人才在满足外贸企业需求时，必须具备一定的销售能力，这也是其必备的素质之一。

三、商务英语教学与外贸企业融合发展的优势

（一）提高资源的有效利用

为培养应用型人才，高校与外贸企业应共同制定人才培养方案。在实施过程中，双方应共享资源，以最大化利用资源效率。企业与学校应共同参与人才培养计划，并为学生提供实习机会。学生通过校企合作模式，可与企业签订就业协议，并在企业中进行跟岗学习和顶岗实习。这种培养模式不仅保障了学生的就业，还使他们在实践中掌握了专业技能，更好地适应企业工作环境。通过这种方式，学生能够快速熟悉企业内部工作环节，并为未来的职业生涯做好充分准备。

（二）促进双方利益最大化

商务英语是一门专业性极强的学科，理论学习固然重要，但若缺乏实际操作，那么理论知识难以稳固。为了确保理论知识得到有效运用，学生需在掌握理论后进行大量的实践操作。通过学校与企业的合作教育，学生能更加积极地投入学习，教师也能从中感受教学的成果，实现三方共赢。这种教学模式让学生更早地了解工作内容，为其职业生涯规划提

供思考空间,有助于提高学生的商务技能和未来的发展。同时,实践教学也是教师专业能力的体现,长期的教学实践有助于提升教师的综合能力。对企业而言,这种模式不仅能降低人力资源成本,还能为企业招到合适的人才,从而提升企业的经济效益。

四、商务英语教学与外贸企业融合发展的策略

(一)构建"3+1"教学模式

随着我国国际商务英语的不断发展,商务英语专业的教学改革逐渐成为关注的焦点。为了切实提升教学改革的效果,众多商务英语专业院校纷纷寻求与外贸企业的合作,推动高校英语教师进入企业进行实践学习和培训,同时引领学生进入企业进行真实的商务英语实践练习。这种校企合作模式有助于解决高校在实习场地和师资力量方面的不足,但在实际教学中仍面临诸多挑战。

为了进一步推进校企合作的顺利进行,许多高校的商务英语专业与企业在合作过程中逐步探索出具有时效性的办学模式。其中,"3+1"模式作为校企合作的新尝试,具体指学生前三年在校学习,第四年进入企业实习。经过学校与企业深入沟通与协商,双方制定了一套切实可行的实施方案。

在学生在校的第三年,商务英语专业的教师会与学生沟通,了解有志于从事跨境电子商务的学生,组成校企合作班。同时,与学校的学生管理处进行课程置换,将学生在校期间与企业实习期间的学分进行置换。随后,将学生送入企业进行封闭式教学,涵盖实训操作技能和专业素质培养等环节。完成企业培训后,学生通过考核可进入企业实际操作,从而有效提升学生的商务技能。

(二)构建"5+3"教学模式

虽然"3+1"模式已经取得了一定的成果,但由于其对企业的整体要求较高,且需要一定的经济实力作为支撑,同时培训时间相对较短,不利于学生的长期发展。

为了解决这些问题,校企双方进行了深入的合作与调整,最终形成了

"5+3"的教学模式。该模式包括5个学期的在校学习和3个学期的校企联合实践教学。在校期间,学生将系统地学习相关知识和技能。同时,学校将邀请企业参与教学指导,为学生提供实践机会。

在实践教学中,学生将进入企业进行为期3个月的实习。培训内容将根据企业的实际需求进行设计,确保学生能够快速适应工作环境。通过实践培训,学生将锻炼自己的实践能力,提高自己的综合素质。

此外,学校还将与企业合作,为学生提供就业指导服务。学校将邀请企业参与学生的就业指导工作,帮助学生了解市场需求和就业前景。通过这种方式,学生将更好地了解自己的职业发展方向,为未来的就业做好准备。

总之,"5+3"教学模式是一种新型的教学模式,旨在提高学生的综合素质和实践能力。通过与企业合作,学校将为学生提供更优质的教学资源和就业指导服务。我们相信这种教学模式将有助于学生的个人发展和企业的长远发展。

（三）构建融合实操模式

在促进高校学生就业方面,"5+3"教学模式发挥了显著作用。然而,其在商务英语专业教师培训和高校实习基地建设等领域的助力有待提升。为满足高校与外贸企业双方利益的最大化需求,我们建议共同构建一种新型实操模式。该模式紧密结合高校实际情况,以促进学生全面发展为核心目标。在场地、教学目标和教学主题方面,新型实操模式与"5+3"教学模式保持一致,均聚焦于促进校企深度合作。两者的主要区别在于,新型实操模式的实践项目来源于真实企业情境,强调真实操作和实践。为此,高校和企业需共建电商平台,为学生提供优质实践平台。同时,邀请企业入驻高校并开展为期两个月的专业技能培训。在此模式下,学生能亲身体验真实项目,掌握基本工作流程,逐渐适应企业环境,为未来就业奠定坚实基础。此实操模式具有多重优势,既促进学生全面发展,又助力校企双方实现互利共赢。

根据以上论述,我们可以得出以下结论:商务英语专业与外贸企业开展合作教学,具有重要意义。这种合作不仅能帮助学生更好地将理论知识应用于实践,提升教师的教学综合能力,也能提高毕业生的就业率,从而达到培养优秀人才的教育目标。为了更好地实施这一教学模式,我们建议采用多种教学模式,如"3+1"模式、"5+3"模式和融合实操模式等。这些模式将进一步完善教学方式,使学生能够更好地运用所学知识进行实践操作。此外,通过校企合作的方式,可以实现双方互利共赢的局面,为未来的校企合作打下坚实的基础❶。

第三节　信息技术在商务英语教学中的应用

一、商务英语信息化教学模式的应用

互联网信息技术的发展带动了国际社会经济文化的多元交流,社会商务英语人才缺口进一步增大,如何培养高素质的商务英语专业人才,成为高校商务英语教育体系中需要重点关注的内容。同时,互联网信息技术的广泛应用,也在一定程度上带动了高校英语教育模式的改革创新,英语教师为了对学生实施多元化、针对性地教育指导,就需要积极探索信息技术在教育改革中的实践应用,有效促进教育信息化体系的科学构建,保障商务英语教学活动高效化发展和全面创新。

（一）商务英语信息化教学模式的应用优势

在高校开展商务英语教学活动的过程中,有效探索信息化教学模式的建构和应用,能够显著改善英语教学活动的特色,有效提升英语信息化教学活动的质量。

1.有助于整合英语教学资源,丰富英语教学内容

基于信息化教学模式的应用,能够从线上线下交融的角度整合商务英语教学资源、促进教学空间的拓展和延伸,英语教学内容更加丰富、英语教学资源的供给更具针对性和合理性,能促进学生对商务英语知识的深度探究。

---

❶刘欢.外贸企业对商务英语人才素质要求探讨[J].经济与社会发展研究,2020(10):131.

2.有助于生成人机互动环境,营造多元互动教学氛围

信息化教学模式的实践应用,能构建多元互动的英语教学空间,使学生能参与情景互动、人机互动中,深化对商务英语知识学习的体验和感悟,有助于显著提高学生商务英语知识的综合学习能力,在多元化互动交流中提高学生的英语交际能力,使高校学生商务英语专业学习能力得到进一步优化。

3.有助于拓宽教学活动范围,引发学生思考商务英语知识内容的迁移运用

在将信息技术与商务英语课堂教学指导深度融合的过程中,高校商务英语教师系统分析教学活动的需求,能对课堂教学指导的空间进行拓展。教师可以从商务英语迁移运用的视角下,结合学生的英语学习需求和英语知识实践应用需求,为学生创设课外商务英语应用项目、商务英语探究活动等,助力学生结合自身未来职业发展需求思考商务英语交流的技巧和应用方法,并有效地将商务英语知识融入自己的职业训练中,真正从职业发展的角度理解商务英语知识的实践应用,从而通过特色英语教学提高学生的综合职业素养。

综上所述,信息化教学模式的建构和应用,能支持学生对商务英语知识的有效学习,也有助于系统改善英语教学活动的基本情况,带动高校学生对英语知识的深度探究。

(二)高校商务英语信息化教学模式的应用路径

高校在积极开展商务英语教学活动的过程中,为了能全面建构信息化的教学模式和教学指导体系,有效促进学生对英语知识的深度探索,就需要创新教学方法,促进信息化教学模式的实践应用,支持商务英语教学活动的高效化发展。

1.整合商务英语数据资源,丰富教学内容体系

在引入信息技术对商务英语教学活动进行创新的过程中,信息化、数据化教学资源的整合应用,能显著激发学生的英语学习兴趣,使学生对英语知识的探索更加多元化,有效提高学生对商务英语知识的学习兴趣。在商务英语教学活动中,高校教师可以结合英语教学主题筛选丰富

的信息化教学资源,从线上教学的视角扩展英语教学空间,为学生提供比较丰富的商务英语教学资源供给,从而有效地促进学生对商务英语知识的学习。

例如,在关于"companies"主题商务英语教学活动中,为了能促进学生对课程知识进行深度学习,使学生理解"business report"的格式和写作步骤,英语教师就可以在开展课堂教学讲解的基础上,发挥信息化教学模式的支持作用,积极整合与"business report"相关的英语教学资源和大数据资源,有效鼓励学生对课程知识进行自主的学习和探究,从而提高学生的专业素养。在教学实践中,教师不仅可以对教材中涉及的"business report"相关英语知识点进行分析,还可以让学生在信息化的教学资源中,学习"business report"方面的特色英语语言表达方式,探索report on...(title)、findings、conclusion 和 recommendation 等的写作技巧和方法,能将"value for money""aftersales service""It would be advisable to do sth.""A case in point is...""It disturbs me to learn that..."等方面的专业表达方式融入报告中,使学生能主动思考英语知识的实践应用,从而引发学生对商务报告知识的深度思考。在学生基于课内外教学资源对商务英语知识进行系统探究的基础上,教师还可以尝试结合学生的专业发展需求,适当地为学生发布相应的任务,即"Please write a business report on the marketing aspects of e-commerce in relation to your specialism."以任务驱动促进学生对商务英语知识的系统探究,增强他们的英语知识实践应用能力。在信息化教学资源的支持下,商务英语教师能拓展教学空间,丰富英语教学内容,生成特色的商务英语信息化教学体系,保障学生的商务英语综合素质得到高效化的锻炼。

2.创设虚拟英语交际场景,提高学生英语交际能力

依托信息技术的应用改革创新商务英语教学活动,教师在教学实践中可以创设虚拟化的教学场景,对商务活动场景进行虚拟化的还原,然后将学生带入特定的商务英语场景中,引导学生感知商务英语知识在实际商务交际场景中的实践应用,帮助学生积累丰富的经验教训,使学生的商务英语知识学习能力和迁移运用能力得到高效化的培养,有效提升

学生对商务英语知识的综合理解和应用能力。

例如,结合"business meetings"模块英语知识的教学需求,英语教师可以先在课堂上组织学生学习与"business meetings"相关的英语知识和交际要点,确保学生在深度学习的基础上能掌握商务会议常用的句型,使学生可以在商务会议中表达自己的观点。然后,结合学生对英语知识的综合学习状态,从引入信息化教学模式的视角,英语教师就可以结合虚拟仿真技术和虚拟现实技术的应用,构建"business meetings"方面的英语交际场景,在特定的场景中组织学生学习英语知识、了解交流的要点和表达自己观点的语言技巧等,提高学生对商务英语知识的理解和应用能力。具体商务会议情境介绍如"The company intends to hold a hanging noodle distributor conference, this event will hang noodle products on the market as an opportunity to fully promote hanging noodle products, show the brand image, introduce the advantages of the product."。根据情境信息,教师可以基于人工智能技术的应用,在信息化的教学平台上生成与此相关的商务会议场景,然后学生结合虚拟现实技术的支持参与情境交流中,比较真实地感受商务会议环境下交际语言的特色,了解商务英语交际语言的要点,从而有效激活学生的交际体验,使高校大学生的商务英语综合素质得到不断的提升,切实凸显英语教学活动的综合效果。

3.引入商务英语微课教学,鼓励学生自主学习探究

高校学生在商务英语学习方面具备一定的自主学习能力,教师在教学指导活动中积极探索信息技术教学模式的应用,可以尝试构建自主学习平台,引导学生利用碎片化的时间参与商务英语知识的探索实践。因此,教师在探索信息化教学模式的过程中,就可以尝试将商务英语知识点微课教学作为重要的载体,鼓励学生结合自己学习商务英语知识的基本情况和需求,自主检索相应的商务英语微课资源,完成对相关课程内容的针对性学习,从而提高学生对商务英语知识的理解和应用能力,有效培养学生英语自主探究素养,从而使商务英语教学活动高效化开展。

例如,在"business presentations"主题教学活动中,由于这部分知识教学中不仅要指导学生掌握商务演示环节中比较常见的句子,帮助学生理

解商务演示活动的基本概念和主要的活动,对商务演示的构成等形成比较深刻的认识,还要求学生掌握商务演示的技巧和方法。因此,对于学生而言对这部分英语知识的学习,不仅涉及理论知识的探究,还与商务演示实践操作存在紧密的联系,只有学生能够将所学英语知识与实际商务演示活动融合在一起,才能提高学生的商务英语知识迁移运用能力。因此,英语教师在开展商务英语教学活动的过程中,可以尝试引入商务英语微课教学资源,让学生结合自己对商务演示知识的理解情况,选择合适的英语微课内容进行学习,在学习中将商务演示英语语言与实际演示活动有机融合在一起,提高学生对英语知识的综合理解能力。在教学实践中,英语教师可以从"How to give an effective business presentation"的视角鼓励学生对英语微课知识进行探究,指导学生从"Identify the objectives of the business presentation before the presentation;Analyse the values, needs and background of the audience;Focus on the organization of the presentation language;Transform nervousness into positivity;Deliver business ideas with enthusiasm"五个维度思考商务演示的要点,并在微课的演示指导下,加强对"business presentations"英语知识的综合学习和探究,促使学生找到英语学习的关键技巧和方法,全面提高学生对商务英语知识的综合学习能力。在教师开展微课教学指导的情况下,为了引发学生对"business presentations"英语知识实践应用的思考,英语教师还可以根据学生的学习状态,为学生提供典型的商务演示方面的英语项目背景,即"Company A wants to develop creative products of intangible cultural heritage in order to open up a market.If you are the project planner of Company A,please choose a suitable development project and design a business English presentation."然后,根据项目背景提出相应的引导性问题,如"How do you think you should present your project proposal for this situation?"在教师的带动下,学生能将所学商务演示方面的英语知识融入演示文稿的介绍中,从学有所用的角度思考英语语言的组织和演示文稿的设计,并将文稿在信息化教学平台上上传,基于英语任务进行互动交流,进一步提高学生对英语知识的理解和应用能力,增强商务英语教学活动的有效性。

4.构建英语在线交流平台,锻炼迁移运用能力

在商务英语信息化教学改革实践中,学生对英语知识的实践应用是教学的重点和核心,英语教师在教学指导环节需要结合信息化教学的支持搭建在线交流和共享平台,在平台上学生能针对英语知识的迁移运用进行沟通和交流,还能完成平台上发布的相关任务,并在任务实践中感知所学商务英语知识在交际活动中的实践应用,从而促进学生英语综合素质的培养和训练,使英语教学效能得到系统性的提升。

例如,在关于"business presentations"英语知识实践应用的教学中,英语教师就可以根据学生课堂学习相关英语课程知识的要点,系统分析学生的学习情况和学生对"business presentations"商务英语迁移运用能力情况。在信息化的教学交流和共享平台上,整合网络上的信息为学生发布比较真实的任务,也可以让学生在信息化的平台上搜索社会相关人员或者组织发布的"business presentations"类任务,然后在平台上尝试使用英语知识进行讨论和探究,提出自己的设计方案并用英语语言来进行表述,在信息化交流中可以吸收借鉴网络其他群体的经验教训,对自己的"business presentations"作品进行改进和完善,最终使所设计的作品能得到发布者的认可。这样基于信息化交流平台的支持,真实地参与"business presentations"项目设计和讨论探究中,不仅能掌握商务英语知识的实践应用技巧,还能在根据任务发布者需求不断改进和优化自己的演示文稿过程中,对未来岗位工作需求以及"business presentations"英语知识的实践应用形成更加形象化的认识,从而提高高校学生商务英语方面的专业素养,为学生在深度学习、迁移运用基础上获得更好的职业技能,形成良好的职业发展奠定基础,有效地促进高校复合型人才培养工作的系统贯彻落实。

综上所述,在教育信息化建设深度推进的情况下,高校商务英语教学实践中,应该积极探索信息技术教学模式的建构和应用,积极构建信息化的商务英语教学指导体系,对学生实施比较专业的英语教学指导。鉴于此,新时期在商务英语教学改革实践中,应该有意识地解读商务英语信息化教学的特色要求,从多角度探索教学模式的全面创新,确保能构

建多元化、高效化的商务英语信息化教学体系,在信息技术的支撑下,打造立体化的教学组织体系,有效提升学生的商务英语专业素养❶。

二、多媒体和网络技术在商务英语教学中的应用

商务英语是以适应职场生活语言的专业,这一概念从提出到今天已经有了很长的发展历程,商务英语专业学习的内容涵盖面很广,不仅要求学生拥有较好的英语表达能力和水平,还要求学生掌握电子商务、国际贸易、法律等商务专业知识。在传统的教学实践中,由于相应的师资力量薄弱、教学偏向于理论化、实际的教学质量不容乐观、信息技术的发展和创新给予商务英语教学改革以巨大的动力,广大教学工作者要始终坚持积极态度,不断探索和创新教学模式,推动多媒体和网络技术在商务英语教学实践中的应用。

（一）多媒体和网络技术在商务英语教学中发挥的价值

随着互联网信息技术的快速发展,我国教育事业迎来了改革创新的重要机遇,多媒体和网络技术的应用能够为传统课堂教授增添新的动力,通过图文、视频、音频等方式为学生提供多样的商务信息,搭建更为广阔的商务学习平台,使学生真实参与商务英语知识的应用和实践活动中,切实增强学生对商务英语知识的理解和应用能力。

1.有利于营造良好的学习氛围

由于商务英语涉及诸多商务专业词汇,较为晦涩难懂,所以传统授课的质量和效率并不高,多媒体和网络技术的出现使教师能够借助多媒体课件和海量的网络知识素材开展教学,通过声音、图像和视频的多种刺激,营造良好的学习氛围,进而激发学生的学习兴趣,使学生由传统的被动学习变为主动学习,切实提高学生商务英语学习质量和效率。与此同时,考虑到商务英语的专业性和实践性特点,教师的教学内容要具备多样性和深层性特点,如今网络信息资源丰富,教师要善于总结和整合网络上有关于贸易、金融和法律相关知识,进而丰富商务英语教学内容。商务英语课件要充分展现商务英语的自身特色,一方面教师要深入挖掘

---

❶李吉婧.高校商务英语信息化教学模式的应用初探[J].英语广场,2023(18):96-99.

商务英语特色,根据教学实际情况,选择特定的商务词汇、术语、作为教学重点;另一方面商务英语的教学活动要体现全面性特点,即鼓励学生参与教学活动的各个环节中,如在教学课件的制作上可以群策群力,通过资料查找、提出建议、课件整合的方式,让学生参与课件设计中。一节优秀的商务英语专业课程,不仅拥有丰富多样的课程内容,还要有教师的专业授课,商务英语专业教师要不断总结经验克服传统机械的教学模式,通过风趣幽默的语言表达、激情活力的教学心态,营造积极向上的学习氛围,助推商务英语教学质量的提高。

2.有利于拓展文化背景知识

商务英语是综合性极强的专业英语,是英语的一个分支,其同样重视英语文化与语言背景,传统商务英语的学习是通过书本和资料,学生难以真实地感受英语语境和商务文化,也不能经常与以英语作为母语的人进行交流,英语的学习偏理论机械化,高校中有很多专业成绩优异但欠缺实践能力的学生,这有悖于商务英语人才的培养目标。从以往的实践经验来看,如若商务英语的教学一味因循守旧,仅依靠教师的课堂中的讲授和课本教材的学习,将很难达到教学目标,因为商务英语的学习在于运用,只有深入英语语境、体现不同文化间的差异,才能够真正实现商务英语教学的改革。如今多媒体和网络技术的应用极大程度上推动了商务英语教学的创新发展,其能够全方位呈现真实的商务英语环境,通过多元化教学,刺激学生的各个感官,激发学生学习兴趣,不断提高教学的质量和效率。与此同时,多媒体和网络技术的应用使商务英语专业资料的查询更加便捷高效,拓宽了获取知识途径,学生能够通过线上课堂进行自主学习,这有利于拓宽学生知识面,提高学生对商务知识的理解和认识。

3.有利于开展丰富多样的沟通交流活动

在如今国际化趋势背景下,商务英语的学习不仅要求提升学生的英语知识储备和口语能力,还要向学生传授西方商务文化、企业管理理念和沟通交流技巧,多媒体和网络技术的应用能够使商务沟通和交流更为便捷,进一步克服传统沟通困难的弊端。学生在日常学习中能够借助网络这一载体,利用E-mail等人际互动工具与世界各国的其他人进行商务会谈和沟通,足不出户就能够感受真实的商务语言文化,通过与外国学生的沟通交流和资源共享,不断提高学习质量。而且中国学生在语言表达上处于劣势,尤其学生在进行英语表达时会存在羞怯心理,正所谓熟能生巧,只有通过不断地练习才能够克服这一问题,借助网络平台,学生能够有机会与母语为英语的人进行沟通交流,进而感受纯正的英语表达。学生也能够通过网络建立相应专业的聊天室,互相借鉴共促发展,实现英语水平的提升。

4.有利于满足不同层次学生的学习需求

商务英语专业是一个以英语为基础、以商务专业知识为依托的综合性学科,由于学生的专业程度、学习背景和学习程度各不相同,传统"一刀切"的教学方法存在很大弊端,而多媒体和网络技术的应用能够克服这一弊端,实现差异化、个性化教学,教师可以开设不同学习级别的课程,由易到难层层递进,学生可以根据自身学习情况准确定位,选择符合自身需求的课程,以此达到个性化、层次化教学目标。

（二）推进多媒体和网络技术在商务英语教学中应用的有效策略

深入挖掘互联网教育资源、开发多媒体网络功能,将更好地发挥多媒体和网络技术的应用价值,考虑到当前教学方法、模式落后,需要积极推进商务英语教学的升级和优化,注重培养拥有交际能力、商务专业技能、社会实践能力的高素质人才。

1.明确商务英语教学设计的指导思想

商务英语专业具有很强的实践性,要求学生拥有较好的语言表达能力和沟通交流能力,这是教学需要重点把握的方向,传统商务英语教学正是由于缺少创新的教学方法,导致教学质量较差,因此,新时期商务英语的改革创新要充分借鉴互联网教学平台,通过探究式的任务性教学、创新的线上线下联动教学和直观的情境教学,不断地提高商务英语教学的质量和效率。在实际的教学中,首先教师要将商务英语教学设计与传统的听说读练习结合起来,借助网络平台挖掘英语教学背后潜在的功能性,增加课件内容的多样性,不断提高学生的学习兴趣。其次教师要充分利用网络有效资源,在教学设计中充分体现学生的主体地位,实现多元交互的合作教学。最后教师要充分利用高新技术手段,创建多元化、自主化的学习平台,为学生提供高效学习的环境,在商务英语教学目标的指引下,不断创新教学模式和手段,通过加工、处理和应用网络信息,提升资源利用率和分析解决问题的能力。

2.提高教师对多媒体和网络技术的应用能力

信息技术的发展和应用正在不断改变人们的工作和生活方式,也在不断推动教育的改革和发展,教师作为学生学习路上的引导者和组织者,对于学生学习起着至关重要的作用。现代教师除要拥有专业知识储备外,还要具备现代信息技术的应用能力。提高教师对多媒体和互联网技术的语言能力,需要从组织培训和自主学习两方面进行,首先要积极转变教师思想观念,通过开展理论培训,使教师认识到教育信息化发展的重要意义,进而应用全新的知识观、人生观指导现有的教学活动;其次要不断提升教师对互联网信息技术的应用能力,学校要组织开展多媒体和网络技术应用培训,不断提高教师知识储备、完善知识结构,提高信息技术应用能力,由于教师工作多、任务重,因此系统的培训很难开展,校本培训是重要的培训方式,可以通过现场的PPT演讲、教师公开课示范、专家讲座的形式,为教师搭建学习交流平台。目前各个高校都在积极推进多媒体和网络技术软硬件设施的优化和升级,旨在提高教学的信息化水平,在此基础上,教师可以充分借助网络资源进行自主学习,一方面教师要有强烈的信息技术应用意识,即通过信息技术手段解决教学中的实际问题,不断发扬自身优势,主动学习和研究信息技术在教学中发挥的重要价值;另一方面教师要深入了解信息技术作为教学工具的作用和原理,通过网络搜寻筛选目标信息,整合有用信息,不断丰富教学内容,拓宽教学模式,使教学质量得到提升。

3.突出商务文化在商务英语教学中的应用

随着经济全球化的发展,中国与世界各国有了贸易上的沟通往来,商务英语是促进企业沟通交流的重要桥梁,商务英语专业人才除要拥有英语基础知识和沟通交流能力外,还要深入了解英语文化背景和文化习惯,培养商务意识、提高商务文化认知。因此,教师要深入挖掘商务英语的文化背景,借助网络技术培养学生的商务文化意识。教师可以通过演讲视频阅读的形式,增加学生对异国商务文化的认识,也可以通过专家讲座和交流,使学生对双方国家的文化习俗和交流技巧有更深入的了解,文化素养在商务活动中起着至关重要的作用,文化差异是影响商务沟通的重要因素,将商务文化渗透到教育教学中,这样将起到相辅相成共同推动作用。

4.营造良好的语言交流氛围

商务英语是一门实践性的学科,要求学生拥有较好的沟通交流能力,对于中国学生而言,语言交流是重点和难点问题,将学生放入真实的语言环境将更好地激发学生的学习兴趣,因此教师要充分借助多媒体和网络技术,为学生营造良好的语言环境,通过视频、音频的形式使学生感受英文的魅力,通过小组沟通交流和语言互动,营造轻松高效的英语课堂,如今网络中存在大量的学习资料,学生能够通过线上自主学习,锻炼口语表达,增进商务英语的知识储备,实现线上线下同步教学将进一步提高教学效果,发挥多媒体和网络技术的应用价值。

综上所述,以多媒体和网络技术为辅助工具,实现商务英语课堂的创新和发展,将起到积极有效的作用,受传统思想观念的影响,并没有实现多媒体和信息技术的全面应用,因此教师要以身作则,不断提升多媒体和网络技术应用能力,通过丰富课堂内容、创新教学模式,不断提高商务英语教学水平❶。

三、数字赋能高校商务英语类课程高质量教学

数字经济时代下,数字赋能概念被广泛运用,智慧城市、智慧交通、智慧养老等不断涌现,利用数字技术,我们实现了更高效的管理与运营。智慧课堂也应运而生,数字赋能教学指的是利用数字化知识摆脱传统教学方式方法下教师课堂教学提供的单一供给,根据不同学生的需求,探

---

❶徐桂枝,张语平.多媒体和网络技术在商务英语教学中的应用与思考[J].中国科技期刊数据库 科研,2023(5):60-63.

索多元的教学场景,实现更高效的课堂和高质量教学。党的十九届五中全会指出,我们要建设高质量教育体系。这标志着教育从追求规模增长转向追求高质量发展。"十四五"期间,我国教育进入高质量发展阶段。高质量教育体系具有 4 个特征:高水平、强约束、有活力、高效益。实现高质量教学是构建高质量教育体系的重中之重。传统的商务英语课程教学局限于课堂讲授,以传授商务英语相关知识为主,教学内容相对单一,无法关注学生个性发展,缺乏理论联系实际与知识的更新,已逐渐无法满足新时代高质量教育体系构建的要求。数字赋能概念的提出,无疑给高校商务英语类课程实现高质量教学提供了可能性。

（一）高校商务英语类课程高质量教学的内涵

高等教育领域的高质量发展是高等教育改革和发展的根本要求和目标。高等教育高质量发展的核心内涵就是推动高校以质量和特色为目标,实现为不同能力、不同需要的学生提供高质量教育的机会,使学生成为最优秀的自己,为社会高质量发展添砖加瓦,完成自我价值的实现。具体到高校商务英语类课程高质量教学的内涵,应以深化新时代高校商务英语教育教学改革创新为指引,以坚持高校新文科新发展理念为前提,从教学场景、教学方式方法、教学生态和教学评价等维度推进商务英语教育教学质量发展为着力点,以适应新时代社会经济高质量发展对人才素养要求为主线,关注学生个性差异与发展,构建高质量商务英语教学体系。

（二）数字赋能高校商务英语类课程教学实现高质的可行性

1.数字赋能商务英语类课程教学场域多元化

传统的商务英语类课程教学场域单一,时空相对固定。数字经济时代下的商务英语类课程教学可以通过数字技术赋能实现教学场域多元化,实现商务英语教学"提质"的目标。商务英语教学中可以充分利用互联网数字资源、在线开放课程平台等数字化教学资源和技术赋能。以商务英语专业综合商务英语课程为例,可以通过在线慕课平台和虚拟课堂辅助课堂教学实现教学场域的多元化。教材各单元的重难点分析由教师在课堂教学场域中实现,课文大量背景常识、音视频学习、拓展阅读、部分练习由学生在分散自主学习场域中完成,各单元语言技能和商务技能的训练由学生在虚拟学习场域中完成。学生可以通过三种教学场域的学习,增加学习兴趣,提高教学效率与质量。

（1）课前分散自主学习场域

课前预习（观看主题相关视频片段、搜索主题相关信息）。

（2）课中课堂教学场域

①话题的导入（主题相关词汇讨论、主题相关名人名言讨论、主题相关热点问题讨论）。

②课文重难点分析及篇章分析。

③语言技能和商务技能。

（3）课中虚拟学习场域

语言技能和商务技能的训练。

（4）课中分散自主学习场域

课文相关自主学习。

（5）课后分散自主学习场域

课后练习、拓展阅读。

从以上综合商务英语课程设计中我们可以看到,数字赋能可以贯穿课前、课中、课后,可以突破传统课堂的场域局限,形成教学多场域形态。在分散自主学习场域和虚拟学习场域,还可以利用数字技术创设情境,突破时空局限;可以利用数字技术,还原职场应用真实场景,弥补不能实时到现场实践的缺陷,完成从理论到实践,从学校到职场的高效益教学,从而有效实现高校商务英语专业人才培养的目标。目前高校的在读学生,是千禧一代的学生,他们的成长过程已经被数字世界包围,传统商务英语类课程教学场域局限于课堂,局限于听讲模式,难以引发他们的活力,已经不适应新时代新文科发展的要求。多场域教学过程在不同场域引发学生活力,实时联结商务职场,实现高效高质教学,满足高质量教育体系的有活力、高效益特征。

2.数字赋能商务英语类课程教学方式方法深度化

传统的商务英语类课程大多采用基于任务驱动的教学法,常用的有案例教学法、项目式教学法、启发式和研讨式教学法、体验式教学法、角色扮演教学法和小组合作学习教学法等。教学方法仅限于探讨问题、合作学习或模拟等表层。数字赋能商务英语类课程教学可以实现教学方法的深度实施。以国际商业文化课为例,该课程实施案例教学法的过程中常常会局限于教师讲故事,学生讨论分析案例的浅层模式中,学生往往没有深入理解案例发生的背景、发生的条件、牵涉的商业文化理论及与其他商业理论的相关性。教师的讲授也受到课堂时间等的局限性。以采用案例教学法分析美国迪士尼在欧洲从最初遭受冷遇到盈利的历程这个案例为例,传统的教师讲授,学生听和讨论过于浅显,无法深度剖析案例中体现的文化要素,无法让学生深入理解商业行为背后的动机和逻辑,课程教学无法达到高阶性、创新性和挑战度,无法满足高质量教育体系的高水平特征。数字赋能可以打破传统案例教学法单一的教师讲授案例模式,多维度呈现案例,深度分析案例,多模态拓展案例,以达到案例教学法的深度化,实现课程的高质教学。该案例的教学过程可以设计如表5-1所示:

表5-1 案例教学过程设计

教学环节		数字赋能教学活动	设计意图
呈现案例	立体维度1	学生置身于虚拟欧洲某国场景,完成跨国建立迪士尼乐园的目标	课前体验并思考跨国建立迪士尼可能会遇到的问题
	平面维度	观看案例视频	课中基本了解案例
	立体维度2	数字真实场景还原美国迪士尼在法国的遭遇	课中进一步体会案例
分析案例	环节一	教师利用数字真实场景具体分析文化差异给美国迪士尼跨国带来的困扰(选址的困扰、谈判风格的差异、乐园设施设立的文化差异、员工着装要求的差异、饮食喜好和饮食习惯的差异、顾客消费模式的差异等)	课中结合场景进行情境式具体分析;数字真实场景便于教师讲授知识点,可以使学生有代入感,引发学生思考与分析
	环节二	利用网络大数据搜索、收集对该案例的不同评价并分类评述	批判性思考与分析评价

教学环节		数字赋能教学活动	设计意图
分析案例	环节三	利用数字真实场景尝试不同的应对问题的方法	引发学生创新思维
拓展案例	多模态拓展	学生置身于虚拟某国,选择某个国内企业,完成跨国经商任务	进一步加深学生对案例的理解并进行实践运用和商务职场体验

按照布鲁姆的教学目标分类法,记忆、理解和应用是属于初级认知,而分析、评价和创造属于高级认知。

通过数字赋能的案例教学法相对于传统的讲授型案例教学法能更深入地分析案例,有效地通过如上述分析案例环节一、环节二使学生达到分析、评价的高级认知教学目标,通过分析案例环节三使学生达到创造的高级认知教学目标,达到高阶性、创新性和挑战度的标准,实现高水平、高质量教学。

3.数字赋能商务英语类课程教学生态良性循环健康化

数字赋能可以使商务英语类课程教学达到一种理想的教育生态,满足高质量教学体系的有活力、高效益的特征。数字技术通过人机互动、知识互联、人工智能等摆脱传统教学单一从教师输出知识的课堂模式,使知识获得的过程充满活力;通过数据共享等实现师生互动、生生互动、课内互动、课外互动,打通课堂边界,引发学生创新动力,使知识交流的过程充满活力;通过大数据、云计算实时记录并阶段统计学生的学习情况以便教师更好地掌握学生的学情,以提高教学的针对性;数字赋能教学可以使教师充分尊重学生的个性化特点,真正实现因材施教,提高学习效率;数字赋能也可以便于教师更好地研究教学,形成教学的良性循环。可以说,数字赋能教学能够构筑一种理想的教育生态。在这种理想的教育生态下,教师的教,学生的学都更具灵活性,教学的内容呈现也更具多样性,高阶性,教与学的过程充满活力又能带来更高效益,教与学更具高质性。

4.数字赋能商务英语类课程教学评价全方位化

教学评价是教学活动中一个很重要的环节。目前各类课程改革多是重教学模式、教学方法却轻评价方式的改革。传统的商务英语类课程评价方式比较单一、唯分数论,数字赋能可以实现对教学活动全过程、多角度和深层次的全方位评价。满足高质量教学体系的强约束特征。在线课程平台可以记录学生的自主学习完成量,对话题的讨论量,小组协作学习的参与度等,实现对学生的学习全过程评价。通过教师评价,小组成员互评和小组之间互评,实现对学生多角度的评价。通过教学活动记录与足迹,实时和历时地反馈,评价各项教学活动实施的有效度,实现对教学活动深层次的评价。通过全过程、多角度和深层次的全方位评价,实现对学生的有力约束,并促进教师对教学过程的理解和研究,促进教研,最终反哺教学,实现教学的高质量发展。

（三）数字赋能商务英语类课程教学的问题与困难

数字赋能教学代表着一种全新的途径,是教学过程和效果的质的飞跃。目前,各大高校各个专业课程均尝试并实现了不同程度的数字赋能,但由于观念、资源、软硬件条件等的差异,数字赋能教学实施的情况与理想状态还存在很大的差距,存在的问题与困难还很多。从商务类课程教学活动的实施来看,主要有以下四方面的问题。

1.缺乏具有商务英语特色的教学平台

目前的在线教学平台虽然很多,但是功能普遍同质化,而商务英语类课程有其不同于其他课程的特色,它要求平台既具有语言类课程的互动性,又具有商务类课程的实践模拟性。优良的教学平台是实现高质教学的基础保障。目前商务英语类课程使用的教学平台基本都是和其他学科一样的平台,如中国大学慕课、Blackboard、雨课堂、学习通、自建慕课平台等,既无法充分体现语言类课程需要的高互动性,也无法实现商务类课程需要的强模拟高仿真性。

2.缺乏商务英语类课程教学资源的开发

高等教育的数字资源应该包括数字化教材,在线课程,实践训练课程,教研资源,应用软件资源等。目前,商务英语类课程数字资源相对匮乏,数字资源多停留在音视频资源的简单堆砌层面,用来完成高质量教学难度较大。数字资源的零散性和非系统性,也使学生很难进行系统的自主学习,无法看到自身学习的进步,无法提高学习的内驱力。数字资源在某种程度上变成了学习之余的娱乐。

3.教师缺乏相应的数字技术与课程教学耦合的理念与能力

数字赋能,需要教师把先进的数字技术与课程教学耦合,这种耦合,不是简单地用在线教学平台把线下课堂变成线上课堂。有些教师缺乏正确的理念,在融合数字技术时甚至丢失了原有线下课堂的某些精华之处把课堂变成了一种网络课的形式。这种耦合,片面地理解了数字技术的优势,这不是数字赋能,只能被称作数字"负"能了。同时,因为数字技术发展过快,很多教师来不及更新其知识体系,跟不上技术发展的步伐,缺乏相应的数字技术使用能力。造成了没有真正把数字技术与课程教学有效结合,新瓶装旧酒,没有从根本上改变传统的教学设计,课程教学处于一种低效耦合的状态。

4.学生缺乏相应的学习自主性

数字赋能要达到高效赋能,需要学生在自主学习场域很好的完成自主学习任务,与课堂教学场域和虚拟学习场域形成一个相互连结,互相映射的良好生态循环。学生是学习的主体,没有了主体的积极配合,数字赋能高质教学只能是空谈。传统教学使很多学生习惯了"灌输式教育"被动接受知识的模式,没有主动探索知识的意识,缺乏相应的学习自主性,同时缺乏相应的自主学习的能力。所以就出现了很多学生"刷学习记录"并没有真正学习的情况,自主学习内容并没有真正和线下课堂内容很好的联结起来相得益彰。

数字赋能是新时代实现高效商务英语类课程高质量发展的必由之路。数字赋能商务英语类课程教学场域多元化、教学方式方法深度化、教学生态良性循环健康化和教学评价全方位化,使教学符合商务英语专业人才培养目标,实现其高级认知目标,真正打造高水平、强约束、有活力、高效益的课堂,实现教育的高质量发展目标[1]。

四、人工智能赋能商务英语教育

近十年,人工智能教育已经取得了较大的突破。人工智能语音识别技术已经达到了极高水平,被广泛应用于生活的各个方面。如今,机器不仅能理解人们的语言,而且能够给出充分的反馈。全新的深度学习技术也帮助机器更好地对各种文本和海量数据进行分析,以ChatGPT为首的聊天生成型人工智能聊天程序已经能够处理极为复杂的语言工作。人工智能给人类的学习方法带来了新的思路和新的突破,同时对教学各个环节的转型提出了挑战。

目前,商务英语专业的课程发展面临许多问题。落后的教学方法已经严重阻碍了学生商务英语应用能力的发展。考虑到语言识别、自然语言理解领域中机器翻译对传统商务英语环境的冲击,学生必须将人工智能纳入自己的学习工具中,通过技能的区别化训练来保障自身的竞争力。此外,在商务英语教学过程中,教师往往对学生培养目标缺乏清晰的认识,并不能充分认识到社会经济的发展方向。因此,学生难以对未来职业作出充分准备。将商务英语培养目标与区域经济发展活动相结合,是重塑当前人才培养模式的关键一步。这需要教师从根本上转变教学设计和实施方式,使之与行业需求相一致。

考虑到商务英语是一门与听、说、译等相关的学科,非常重视实际应用,在教育进入智能时代的背景下,了解人工智能赋能商务英语教学的现状和优缺点显得尤为重要。

(一)人工智能在商务英语教学中的基本内容

1.人工智能的技术内涵

人工智能相关研究可以分为两个层次,即理论研究和工程研究。人工智能的理论研究为工程研究奠定了基础,其内容主要是在理论层面上探索机器人实现智能的潜力。而人工智能的工程研究主要集中在产品

---

[1]鲁曼俐.数字赋能高校商务英语类课程高质量教学探析[J].现代商贸工业,2024,45(2):
83-85.

开发和系统、设备的设计上。其中,语言学习对信息的输入和输出至关重要,而智能问题的识别和处理能力能够帮助人类在原有问题的基础上,开发出全新的人工智能解决方案。机器翻译、人机对话、机器口译等一系列功能极大地改变了传统的语言使用方式。

2.人工智能赋能商务英语教学的机遇

人工智能作为一门前沿的交叉学科,不仅可以使教育教学更加高效、公平,还能不断地改变人们传统的学习方法和思维观念。其迅速发展为商务英语教学模式的创新提供了可能。

传统的商务英语教学中,教师是课堂教学的主导者,教师以学生的平均水平作为制定教学内容和目标的参考点,尽量确保教学内容为大多数学生所接受。然而,统一教学任务下的无差别教学代表了一种"流水线生产"的英语教学模式,教师无法及时获得学生的学习反馈,学生也很少有机会对知识进行应用,教与学难以形成良好闭环。因此,学校必须重构商务英语教学的新生态和新范式,运用人工智能技术推动教学实现个性化、精准化。

由于语言环境的差异,在商务英语教学实践中,部分学习者出现了难以跟上课程的情况。人工智能有助于丰富商务英语的教学场景,通过实时化、口语化的方式,提高语言共鸣感,增强教学体验。在这样一个动态的英语教学环境中,人工智能可以凭借认知诊断、知识跟踪、自适应测试等技术,对学习者进行建模分析,为教师改进教学方法和策略、优化学生评价体系提供有力支持。

此外,人工智能可以通过大数据和智能计算对知识进行深度的加工,这可以有效帮助商务英语教师选择学习资料。数据和云平台可以帮助教师更好地制订学习计划和学习内容,使教学目标与学生的实际能力相匹配,可以显著提高教学效率。高度区分的学习内容也有助于实现培养创新意识和鲜明个性的综合型人才的目标。自适应学习内容规划还可以减轻教师的工作量,使教育工作者能够专注于教学,进行更多的科学教学方法的研究和创新。

（二）人工智能在商务英语人才培养中的优劣势分析

1.人工智能在高校商务英语专业培养中的优势

人工智能的出现,改变了教师的基本职能。通常,商务英语教师通过与学生的直接交流展开教学。在应用人工智能的学习平台上,学生能够自我评估学习情况,实现自主学习,这大大减轻了教师批改作业的负担,使教师能够更好地关注学生的学习过程,针对个体差异,及时调整教学方法,从而提高教学效果。此外,在人工智能赋能教育的背景下,一对一的个性化教学方式也有望应用于商务英语教学中,教学质量也可以得到进一步提高。人工智能有效地解决了商务英语教师在高校改革中面临的问题,实现了对学生资源的深度分析,弥补了原有落后、单一教学模式的缺陷。

绝大部分商务英语教师对大数据和人工智能持认可的态度,面对教学技术的创新,能够以积极的态度应对挑战,并将变革视为发展的机遇。然而,大多数教师虽然已经意识到大数据和人工智能的重要性,但在实际教学中却很少使用,与理想状态相差甚远。究其根本,长期以来传统的教学模式和教学理念并没有被打破。因此,教师需要接受系统的人工智能教育培训,如此一来,商务英语专业的课堂教学模式将会有很大的改善。

在人工智能辅助下的智慧课堂,教师可以根据课程要求,给学生布置相应的写作任务。学生在明确写作任务的要求后,可以在智能作文系统中撰写文章,根据系统提供的词汇内容完成写作,然后提交给人工智能技术系统进行评价和修改。在人工智能支持下的商务英语听力教学过程中,教师可利用信息数据分析学生的听力表现,提供个性化的指导,同时在必要时进行适当的听力干预,以优化学生的听力练习效果。教师还可以对学生的听力学习进展进行跟踪,给学生提供具体的建议和指导,以促进学生的听力水平不断提升。人工智能也能独立对学生的听力水平进行评估,并且根据学生综合数据库给出具体的学习改善对策。

商务英语口译的主要翻译对象是语料库,在传统的口译课堂上,语料库的使用并不充分,没有发挥其最大价值。人工智能口译课堂可以充分利用语料库来评价学生的口译能力,提高语料库的价值。在口译实践中,学生在人工智能系统中输入语料,就能实现语音到文字、文字到文本、文本到语音的转换。这一功能的开发和使用可以提高智能系统对语料库进行详细检查的准确性。在翻译教学和实践中,人工智能的运用可弥补传统口译实践课堂在教学内容、形式、灵活性和规模等方面存在的不足,有助于学生实现流畅交流的目标。人工智能可以通过多样化的教学资源和模拟场景等,为学生提供更加贴近实际的口译实践体验,提供定制化训练方案,促进学生技能的全面提升。学生利用人机对话进行练习,不仅避免了实践中可能产生的尴尬,还能快速提高英语口语水平。总之,人工智能在商务英语教育中的应用为学生提供了更加灵活和丰富的学习体验,并有助于提高其学习效率和口语交际能力。

人工智能赋能商务英语教学的场景中,教师将不再是课堂的焦点,而是学生学习的指导者、激励者、评价者和促进者。教师不再是简单地讲解词汇和语法,而可以选择课程主题,在现代信息技术的辅助下,对真实环境中的商务英语使用进行模拟,帮助学生迅速提高语言水平。

人工智能教育技术的不断发展,为商务英语教学创新提供了新的方向。一方面,自然语言学习的复杂性为人工智能应用提供了广阔的空间,人工智能通过提供动态的学习反馈信息,促进个体学习,从而提高学习效率。另一方面,人工智能技术也推动了语言学习的应用,进一步提高了商务英语教学的效果。教育者可以通过分析人工智能在商务英语教学中的优劣势,调整教学实践的具体环节,改善传统英语教学的弊端。

人工智能与商务英语教学的有机结合,不仅有助于提升学习体验,而且能够促进教师职能的转型。为跟上时代潮流,商务英语教学需要摆脱简单重复的模式,积极拥抱信息化、智能化。教师应将人工智能与商务英语教学深度融合,激发学生的学习热情,培养学生的自主学习习惯,发展学生的创新能力,同时注重提高学生的第二语言交流能力和商务场景应用能力。

总而言之,人工智能与商务英语教学的多样化整合应用促进了商务英语教育的发展,同时为我国的第二语言教育教学提供了良好的范例。

在此基础上,商务英语教育质量必将迎来较大的提升❶。

2.人工智能在高校商务英语专业培养中的劣势

目前,商务英语和人工智能融合受到政府和学校的高度重视,但大部分想法仅限于理论层面。造成这种现状的原因在于,许多高校在制定人才培养方案时,未将数字素养的培养,特别是人工智能意识和能力的培养真正纳入职业教育中,这极大影响了专业人才培养对象的发展。同时,人工智能和数字素养培养目标在职业教育计划中的缺失,也导致商务英语专业知识落地受阻,学生很难接触到职场英语的实务内容。许多高校尚未意识到职业教育对于学生的重要性,仅通过讲座等形式来培养学生的人工智能能力和意识,还未能真正将其融入学生的专业课程和实践活动中去。

在大部分商务英语专业院校中,人工智能教育通常仅是在已有商务英语专业课程的基础上,增设一些课程。这些课程通常与专业课程的内容相脱节,与学生学习过程缺乏有效结合。这样的人工智能教育课程并不能激发学生的学习热情,也无法真正帮助学生掌握技能,将人工智能的思想渗入学习过程中。

此外,在高校商务英语专业课程设置中,缺乏人工智能思想教育和人工智能学习实践环节。虽然有部分高校已经开展了一些人工智能思想教育活动,但是由于各种因素和条件的限制,学生的人工智能思想和技术水平仍然偏低。我国将人工智能思想融入教育发展的时间不长,专业教师储备不足,而现在的教师大多都没有接受过系统人工智能教育培训,很难迅速将人工智能思想融入商务英语教育的模式中。当下,许多人工智能教育课程还不够成熟,只是片面强调理论教学,却不关心实践,学生很难真正体验并掌握人工智能思维。

五、高校商务英语智慧课堂生态系统的构建

在经济全球化和信息技术飞速发展的时代背景下,商务英语教学日益受到各高校的广泛关注。然而,传统的商务英语教学过度强调以教师

---

❶叶思琪,夏添一,尹秀娟.人工智能赋能商务英语教育的现状及优缺点分析[J].英语广场,2023(26):133-136.

为中心的教学模式,但是教学手段单一,缺乏互动性的教学氛围,这种模式已经难以满足现代商业环境下学生的实际需求。因此,在教育改革的背景下,打造开放、高效的商务英语智慧课堂生态系统成为必然选择。

（一）新时期构建高校商务英语智慧课堂生态系统存在的问题

1.技术难题

商务英语智慧课堂平台的开发和应用需要依赖于现代信息技术,并且需要设计者具备计算机技术、网络通信技术以及数据管理等方面的知识和能力。同时,在市场上已经存在许多商务英语智慧课堂产品,因此需要进行深入的分析研究。在项目实施过程中,设计者还需与商界领导和企业高管进行密切合作,针对各种需求和难点制定解决方案。

2.需求不确定性

由于商务英语学习者的需求包括许多不同因素,因此灵活制订教学计划是一项具有挑战性的任务。首先,设计者需要以学生为中心,以获取反馈意见为主要目标,深入了解他们的需求。其次,需要保持市场观察力,随时根据市场变化更新并调整课程内容。最后,设计者应该采用团队合作机制来整合各种资源,共同努力创造出更优质的教育体验,以满足不同学生的需求。

3.知识积累和更新

商务英语是一个涉及广泛且不断发展变化的领域,其课程内容需要定期更新教材和教学设计。因此,教师和研究人员需要具备出色的信息获取和分析能力,及时获取市场或技术的新动向来进行调整。同时,建立高效的数据记录系统,跟踪、了解学生的学术水平、认知状态等,并及时地反馈给他们,有助于营造良好的学习氛围,提升教学效果。

4.师资队伍建设

如今,争抢优秀教师已经成为各高校之间一场持续不断的人才竞争。在这样的背景下,如何吸引和留住优秀的教育工作者也成为高校管理层面临的难题之一。为此,需要建立科学有效的奖惩制度,将提供充足的教研经费、参与国际化活动与加强本地经济和社会联系的战略职责纳入常规工作中。此外,配备高质量、先进的科研设备,提供更加灵活多样化的教研环境,也是非常重要的支持。

5.数据隐私安全

商务英语课程中涉及一些敏感信息,如交易模式等,这意味着必须建立一系列数据保护措施和规章制度,确保学生和教师的信息和数据不会被泄露或遭受任何损害。因此,高校相关部门需要完善用户数据隐私政策并加以严格实施;采取基于加密技术的传输/存储技术;采取积极的防范措施,如设置密码限制访问权限等,以最大化保护学生和教师的隐私。同时,需要加强数据安全相关知识的普及和培训,并与有关部门合作开展定期演练和应急预案以应对可能存在的安全隐患。

(二)新时期高校商务英语智慧课堂生态系统的构建策略

1.教育理念

以学生为本,开展个性化教学。教育理念中的"以学生为本,开展个性化教学"在商务英语智慧课堂中得到了广泛应用和验证。在实际教学中,教师和企业翻译人员必须深入了解每个学生的背景、发展需求和兴趣爱好,因此需要采取不同的教学方法和策略。在商务英语口语训练中,教师可以根据学生的年龄和兴趣爱好采用游戏化的教学方式。例如,学生可以在课堂上参与类似角色扮演的活动,进行商务英语对话,模拟对接客户、谈判合作等场景,加强语言技巧和语感的培养。另外,对于专业性更强的学生群体,如国际贸易专业的学生,更需要在真实交流场景中训练实战技巧,如何进行商务会议或交际礼仪。基于这种需求,教师可以在授课时注重分享真实案例,并更多地引导学生进行实践操作,让他们亲身感受交流过程中语速、语气、表达方式等因素对交流效果的影响,促进交际能力的提高。总之,在商务英语智慧课堂中,教育理念与具体策略相辅相成,旨在根据学生的实际需求和特点,量身定做匹配教学方案,提高知识和技能的实用性和可操作性。

2.多层面创新智慧课堂平台

随着学生学习需求及行为方式的不断变化,商务英语智能课堂平台需要不断更新及优化其交互功能,以使学生能够获得更直观的认知效果,并且能够提升学习效率和学习体验。

3.借助辅助工具增强学习效果

在商务英语智慧课堂平台中,音频、视频、图像等辅助工具十分必要。这些工具可以让学生获得更直观的认知效果,从而帮助他们更好地了解课程内容并且提高学习效率。运用这些工具,有助于学生良好语言习惯的培养。例如,在商务英语口语技能培训中,学生可以利用视频模拟真实的商务场景,帮助他们融入语言环境中。此外,图形编辑程序有助于学生理解和记忆各种商业流程,以及商务标准中常见的表格、图表和其他视觉化信息。这些都使课程内容更加生动有趣,从而提高学生的学习效率。

4.利用AI技术提高学习效果

人工智能技术也是商务英语智慧课堂平台不可或缺的重要因素。

通过利用AI技术,可以大幅提高学习效率和学习体验。例如,采用语音识别技术,可以帮助学生更便捷地获取口语培训材料,并且能够实时纠正口误。在此基础上,语义分析与自然语言处理技术可以帮助教师对学生的口语发音、语法等方面进行针对性指导,提高教学效果。此外,智能识别和推荐系统也可以根据学生的历史学习数据和兴趣爱好制订最佳的学习计划和内容,从而提高学习效率和满意度。例如,商务英语教学中,不同专业及年龄段学生的学习需求可能不同,通过运用智能算法对学生偏好和所需技能进行个性化匹配,可以帮助他们更快地达到学习目标。

5.交互设计提升学习体验

商务英语智慧课堂平台的交互设计也是提高学生学习体验的重要因素。在传统的教学模式中,学生通常是被动地接受知识,而不是充分利用自身优势,发挥创造力。然而,随着信息技术和网络技术的飞速发展,线上学习环境使学生与教师之间面对面交流的机会减少,从而更加需要打造富有人性化交互机制的商务英语智慧课堂平台。例如,商务英语智慧课堂具备快速答题互动功能,允许学生在实时测验中参与各种考试,从而提升学习体验。同时,学生还可以利用在线交流平台与教师进行讨论,获得个性化建议等。

6.建立数据集成和管理系统

商务英语智慧课堂数据集成和管理系统的优势不仅限于整合、存储和管理数据,更在于其能够帮助教育者有效地利用这些数据资源来指导教学。通过标记和扩充库存所得到的观点和关键字能够为教师提供可靠的信息资源,从而及时跟进前沿行业动态和热门话题,切合实际地指导学生在技能和知识方面的学习。同时,在集成和管理多样化的数据方面,商务英语智慧课堂平台也可以构建出丰富的教学资源库,为学生进行个性化的课程定制和学习路径规划提供更有价值的借鉴与参考。这不仅能够促进学习效果的提高,还可以让学生真正感受到课堂学习内容和企业场景之间的紧密结合,增加学习的趣味性和实用性。例如,针对汇率波动这一问题,商务英语智慧课堂数据集成和管理系统可以提供全球主要银行、贸易集团对各种情况变化的即时预测或研究报告。这可以作为教师教学的输出实例,使学生不但能够立足于故事性角色体验到真实场景,还能通过多方提示进行宏观认知。此外,学生也可以在后续课程中自主获取新闻、分析报告等信息,巩固已有知识和技能。

此外,商务英语智慧课堂数据集成和管理系统也可优化学生的学习过程。它可以收集与监测来自不同地区的行业专家的意见,将它们与教材内容相结合并推出一系列工具性论述,为学生提供更好的一个反馈机会。因此,建立这样的体系非常重要。

7.优质师资队伍建设

优质师资队伍建设是建立商务英语智慧课堂的关键组成部分。组建一支充满教学热情、掌握科学严谨语言知识、贯彻个性化教学理念并具有实践经验的师资队伍非常有必要。

有商务实践经验的教师可以为商务英语教育注入新的元素,并提高学生的商务沟通技能水平。例如,他们可以通过分享自己的工作经验来启发学生,这能够促进学生对商务英语知识的理解和应用,最大限度地帮助学生更好地适应未来的职业发展。此外,还可以根据学习对象和学习方式的不同设计不同类型的教学内容及相关主题,对教学所涉及的内容进行深入剖析、详细讲解及知识巩固。教师还会注重培养学生的批判性思维、观察力等,并鼓励学生参加各种商务英语课程,这有助于学生更好地体验并掌握相关英语技能。

总之,优质的师资队伍是商务英语智慧课堂非常重要的组成部分,它不仅可以提升教学质量,还可以帮助学生提升学习效果和考试结果。

8.数据安全保障

数据安全是进行商务英语智慧课堂生态系统设计和推广的关键要素。在引入新兴技术进行智能化应用时,学校必须注意到存在的信息安全风险,并采取有效的保护措施以确保每个学生的隐私权和个人信息安全。

为了防止黑客攻击或数据泄露等问题,商务英语智慧课堂平台可以使用多种安全技术来保护学生数据的安全性。例如,数字签名技术可以确保信息传输的确切性,防止信息被篡改或假冒;而SQL(结构化查询语言)注入攻击也是常见的网络攻击,但是平台可以通过审计数据库操作及输入验证、参数化查询、屏蔽错误信息等方式预防这种攻击。与此同时,平台也会采用具体的策略,包括数据加密、备份存储和分散式存储。此外,重点监控网站是否受到DDoS攻击,保证24小时不间断在线。通过以上安全策略的实施,能确保商务英语智慧课堂的有关数据得到安全保存,从而建立一个安全稳定的信息处理环境,为学生和教师提供更优质的服务。

高校必须建立严格的信息管理规章制度,进行系统性、持久性的行为监控,并督促各项服务提供方遵守法律及相关政策。只有这样才能协调推动技术进步与数据保护并行的发展趋势,创建一个安全稳定的网络环境,为学生提供数据安全保障。

综上所述,在网络时代,商业领域的竞争越来越激烈,商务英语已经成为关键研究领域。通过建立商务英语智慧课堂平台,可以充分发挥移动终端、互联网技术等的优势,实现教育资源共享和全球化学习的目标。同时为商务行业提供了创新发展的机遇。本文希望能够为相关领域的研究者和实践者提供一些启示和思路,并为商务英语智慧课堂生态系统的可持续发展贡献力量❶。

---

❶陈佳妮.新时期高校商务英语智慧课堂生态系统的构建探讨[J].校园英语,2023(24):16-18.

第四节　商务英语谈判教学模式探讨

在人们的日常学习和生活过程中,英语作为一种国际通用语言,发挥着至关重要的作用。然而,对于商业英语的理解,许多人存在一定的误解,认为商业英语仅仅是商业和英语的简单结合,只需掌握基础术语即可。这种观念不仅影响了商务英语的运用水平,而且对我国在贸易谈判中的表现产生了一定的负面影响。

商业活动具有其特殊性,谈判环节必须遵循一定的规则。因此,在贸易谈判中,商务英语的应用必须得到高度的重视。谈判人员的能力需要经过严格的评估和把控,同时,他们应具备根据谈判氛围调整谈判计划的能力。在必要时,谈判人员可以借助幽默的英语典故来缓解紧张气氛,从而促使谈判顺利进行。

综上所述,商务英语在贸易谈判中的运用是至关重要的。我们应对谈判人员的能力进行严格的要求和管理,确保他们能够充分理解和运用商业英语,提高谈判的成功率。

一、商务英语谈判概述

(一)商务英语谈判的重要性

在全球经济一体化背景下,我国对外贸易政策不断调整以适应国际环境。跨国企业间的谈判问题受到广泛关注,商务英语作为谈判工具,同样发挥着重要作用。谈判人员需展现商务英语应用能力,灵活调整谈判技巧,为双方创造思考空间。商务英语具有专业性和实用性,过去曾被称为外贸英语。随着我国对外开放政策的深入实施,国际贸易谈判活动增加,商务英语在保障双方权益中发挥关键作用。因此,企业需熟练掌握商务英语应用技巧,提升国际竞争力。

(二)商务谈判教学现状

随着中国与世界的接轨和经济持续发展,中国对外贸易日益频繁,对涉外谈判人才的需求也随之增加。商务谈判成为一门综合性较强的应用学科,融合了多学科知识。但当前商务谈判课程存在一些问题,亟待解决。

1.教学内容过于偏重理论,忽视实践教学

教师多采用传统的"填鸭式"教学模式,未能充分调动学生的学习积极性和主动性。学生虽然能够学到理论知识,但难以在实际情境中应用。

2.教学手段过于单一

尽管教师尝试采用多样化的教学方式,但由于自身能力和资源的限制,效果并不显著。

3.考核方式忽视谈判能力的测试

商务谈判课程的传统考核方式主要是闭卷考试,以期末考试成绩作为评价学生的主要标准。这种方式忽略了对学生策划、组织和实施谈判能力的考核。

4.教师实战经验不足

商务谈判要求教师具备相关理论知识和丰富的谈判经验,但许多教师缺乏实际的商务谈判经验。

5.学生自主学习能力较弱

在传统教学模式下成长的学生在自我管理、自我学习和自我服务方面能力不足,对教师有强烈的依赖性。他们缺乏自学意识,不善于主动思考和质疑教师布置的案例。此外,学生的合作能力较差。

综上所述,商务谈判课程在教学方式、教学内容、师资等方面存在一些问题,需要进一步改进和优化。为了培养高素质、合格的谈判人才以满足企业的需求,教师需改革现有教学模式、提高教学实践创新、注重培养学生的谈判能力和综合素质、拓宽自身视野。对课程进行改革是商务谈判发展的必然选择。

二、贸易谈判对商务人员的基本要求

(一)精通商务语言交流

首先,商务谈判人员在谈判中发挥着至关重要的作用,其需要熟练掌握商务英语,对商务英语单词、专业术语以及句型结构有深入的理解和应用。其次,谈判人员还需具备敏锐的观察力,对不同国家的文化概念进行深入的研究,以确保在实际谈判中能够准确传达语言的实际意义。在国际贸易谈判中,这一点尤为重要。最后,谈判人员必须掌握有效的交流技巧,既能够清晰地表达自己的观点,又能准确地捕捉对方的意图,从而达成共识。

（二）掌握语言应用技巧

在贸易谈判过程中,语言应用技巧的作用举足轻重,它与之前所提及的语言使用能力有着明显的差异。谈判人员若能熟练掌握并运用语言应用技巧,往往能在谈判中掌握更多的话语权,从而取得优势地位。在汉语交流中,语气的轻重、用词的选择以及语法的正确性都会影响信息的传递,从而进一步影响交流的态度。同样地,商务英语中也需要掌握相关的语言技巧。对于谈判人员而言,掌握这些技巧对于推动贸易交流的顺利进行至关重要,甚至在双方意见分歧较大时,也能避免谈判陷入僵局。

三、商务英语谈判中跨文化交际问题及应对策略

受人文地貌、生活环境以及文化差异等因素的影响,汉语与英语之间存在显著的语言差异。这些差异可能导致国际翻译人员在缺乏对贸易伙伴国家文化语言的深入了解时,对国际贸易的正常进程造成不利影响。因此,对于以贸易为目的的商务英语谈判而言,为了更好地实施我国国内大循环为主体、国内国际双循环相互促进的发展战略,提升我国在国际经济贸易中的高质量发展水平,我国高等院校在培养商务英语和商务谈判专业人才的过程中,应融入汉英语之间文化理念差异的辨析以及跨文化交际问题的处理等内容。通过理解英语母语国家的思维习惯、价值观念和实际语境语义,增强翻译人员或商务英语专业人员处理跨文化交际问题的能力。在日常学习和职业生涯中,不断探索和学习,提升自身的跨文化交流能力,以提高跨国贸易的成功率和我国经济贸易的国际竞争力。

（一）跨文化交际在商务英语谈判中的必要性与重要性

从具体层面出发,我们所观察到的跨文化交际活动主要表现在国家与国家之间的经济贸易往来。在目前的跨文化交际背景下,商务英语谈判专家通过深入了解本国与目标国家或地区之间的文化信息差异,运用专业知识和谈判技巧,打破国家间的信息壁垒,提升本国在国际贸易中的经济谈判地位。这有助于提升本国的经济利益,实现更广泛的利益增长。

1.跨文化交际在商务英语谈判中的必要性

随着我国对外开放程度的不断深入,与各国之间的经济交往日益密切,我国经济正步入高质量发展的阶段。在此背景下,国际商务谈判在国际贸易中的地位越发重要,其成败直接关系到国际贸易的成果。因此,商务英语专业人士在参与跨文化交际的课程时,应充分了解各国文化差异,积极查阅资料、利用智库和网络资源,以深入了解英语母语国家的风土人情和语言思维习惯。这样不仅能避免因文化信息不对称导致的交流误解,还能在谈判中更准确地把握对方意图,提高谈判效率。

以数字"6"为例,在中国文化中象征吉祥,但在西方大多数国家,由于宗教因素的影响,却被视为"恶魔"之意。如果在商务谈判中忽视了这种文化差异,可能会引发不必要的误解和冲突,增加谈判失败的风险。因此,商务英语谈判人员应具备深厚的语言和文化功底,对西方文化进行深入研究,提升自身文化素养,增强对目标国家文化的兼容性。这样不仅能深化对目标国家文化背景和意识形态的理解,还能提高国际贸易谈判的成功率。

2.跨文化交际在商务英语谈判中的重要性

在文化交流日益频繁的今天,跨文化交际能力已然成为商务英语谈判专业人士向语言专家转型的必备素质。随着社会的不断演变和信息的高速传播,英语单词结构日益简化,更加贴近大众,普遍化。尽管英语单词结构在简化,但其背后的语言习惯和内涵并未改变。因此,在国际经济贸易往来中,我们迫切需要的是那些既具备谈判技巧又深入了解目标国家文化内涵的谈判专家。有了这样的人才队伍和硬件支持,将有助于降低因交流方式、思维方式和价值观差异而产生的谈判分歧与失败风险。所以,在英语学习过程中,除学习语言特色和语法规则外,掌握交际对象所在国家和地区的深层社会、文化内涵同样至关重要。

（二）商务英语谈判中的文化差异性表现

1.交流方式的差异

在国际贸易的商务谈判中,由于东西方文化存在差异,中西方在交流方式上也呈现出显著的不同。从语言表达的直截了当程度来看,中国人在口语和书面表达上都显现出含蓄、迂回的特征。以古代诗词为例,中国诗人常巧妙地运用意象和虚实手法,以委婉的方式传达其含义。中国人的交流方式犹如与蒙着面纱的美人对话,不常直抒对人物或事物的直观评价,也避免直接反驳他人观点。相比之下,西方人更倾向于以直接的语言表达个人对某事某物的看法。

因此,在国际贸易谈判中,东西方语言交流的直接性可能导致一定程度的误解。由于中国与英语国家文化间的差异,非语言行为所传递的信息与符号也可能出现不对等的情况,从而导致谈判者对对手所传递信息的误解。例如,中国人认为直视别人过于咄咄逼人,被视为不礼貌行为;而美国人则持相反观点,认为缺乏眼神交流显示缺乏信心和心虚,甚至可能意味着说谎,他们更倾向于通过目光接触进行真诚的交流。

2.思维方式层面的差异

从东西方的思维模式角度来看,中国人的思维方式呈现网格状的特点,而西方人的思维方式则更趋于线性。这种思维方式的差异对人们的行为方式产生了深远的影响。

（1）在行为方式上,中国人更倾向于遵循传统观念,权威意识和集体意识在行为中占据主导地位。相比之下,西方人在行事方面更注重创新和多角度思考,并在谈判中寻求独特的切入点和解决方案。

（2）在思维方式方面,中国人在评判事物时更强调情感因素,而西方人则更加注重理性思考。这些思维方式的差异导致了东西方在很多方面的明显差异。因此,商务谈判人员应深入了解彼此的思维模式、行为方式和道德判断,以提高处理跨文化交际问题的能力,并适时调整自己在国际商务谈判中的策略。

3.饮食文化的差异

中国拥有悠久的饮食文化,这一文化所蕴含的价值观念对人们评价人与事物间的联系产生了深远的影响。在处理跨文化交际的实际问题时,东西方对于人与事物间的联系及其影响持有不同的价值观念。例如,中国长期受人情关系的影响,倾向于认为人与事物间存在有机联系,构成一个不可分割的整体。在人情关系的助力下,中国商务合作常在餐桌上取得显著进展,因为餐桌上的交流不仅局限于非正式交谈。相反,它能使正式交谈更具情感和理性,使交流更具说服力。在中国历史中,餐桌承担着谈判与合作的职责。然而,对西方国家而言,餐桌主要是一个家庭聚会的地方。在缺乏人际关系的前提下,西方人通常仅将餐桌视为用于聚会和用餐的场所。因此,西方人不倾向于在餐桌这一非正式场合进行商务合作或谈判工作。总体而言,英语国家和中国在价值观上存在显著差异。在商务谈判交流中,我们不仅要展示自身特色,还要尊重对方的文化特性。西方人更注重个人价值的实现,而中国人更强调集体价值的实现。因此,在各种饮食文化的影响下,商务英语谈判人员应选择两国都认可的正式场合进行组织工作。同时,他们应了解双方因价值观差异而产生的不同之处,以便从掌握价值判断的方向出发,运用专业谈判技巧推动谈判工作朝着有利于本方的方向发展。

（三）商务英语谈判中的文化差异性的应对措施

1.树立跨文化交际意识

商务英语谈判专业人员在接受专业课程时,应重视培养跨文化交际能力,因为不同的文明因地理、饮食、意识形态、社会治理和居住环境差异而具有显著差异。在谈判工作开始前,应积极主动地学习并充分了解目标国家的饮食习惯、意识形态、社会治理和居住环境等人文知识。商务英语谈判人员还应认识到,国家间的谈判是一场经济战争和信息战争,双方人员需面对跨文化交际带来的挑战。谈判人员不仅要具备流利的口语和专业知识,还应增强对目标国家的文化理解,以避免出现可能的交流障碍或误解。谈判工作涉及国家间的利益权衡,只有树立跨文化交际意识,才能理解和尊重英语国家的文化,避免因文化差异导致的尴尬或谈判失败。

2.提升对不同文化的包容度

商务英语谈判人员在理论学习和实际谈判工作中,必须深刻认识到不同文化间的巨大差异性。在处理跨文化交际问题时,应灵活摆脱思维定式,坚守文化多元性原则,以更包容的态度对待目标国家与本国间的各种文化差异。谈判的本质并非辩论或以理服人,而是双方就特定目的达成共识。为在国际谈判中开拓更广阔的经济发展空间,谈判人员需进一步提升对不同国家文化的包容度。

3.熟悉目标国家的文化背景

在当前的全球经济形势下,经济全球化进程不断深化,正如习近平总书记所言,经济全球化就像一条大船,不论你是否参与,它都在不断前行。在这样一个开放的时代背景下,商务英语谈判人员肩负着为国家争取经济利益的重要使命。为此,他们必须以开放的心态和积极主动的学习态度,深入了解目标国家的文化背景,掌握充足的信息,从而在谈判中占据优势,为国家争取最大的经济利益。这也是他们应有的职责和担当。

随着我国与各国的经济交往日益密切,我们正处在一个经济高质量发展的大时代。在这个背景下,谈判人员必须更加重视跨文化交际问题的处理与解决。解决跨文化交际问题的关键在于破除当前文化信息不对称的弊端,深入了解目标国家的文化背景与底蕴。唯有不断提升对各国文化的包容度,尊重各国文化,我们才能够在商务谈判中克服文化差异带来的障碍,实现互利共赢的谈判结果❶。

四、互联网背景下商务英语谈判教学模式

(一)合理选择与安排教学内容

在商务英语谈判的教学过程中,教师需要以严谨的态度处理大量教学内容。利用互联网技术开展教学时,首要任务是系统地整理各类素材,包括文本、图像、音频和视频等,确保这些素材能有效地支持课堂教

---

❶赵秀华.商务英语谈判中跨文化交际问题及应对策略[J].国际公关,2023(9):104-106.

学内容的展开。在完成教学后,教师需及时将这些素材和授课视频上传至网络,以便学生随时回看和学习,从而巩固知识,加强技能训练。此外,针对案例和练习资源的处理,教师应当将其上传至网络平台。学生通过研究这些实例,能够深入理解商务英语谈判的策略和技巧,从而在实践探索中不断地提升自己的能力。通过这样的方式,我们不仅能保证教学内容的完整性和安全性,还能有效地激发学生的学习兴趣,提升学习效果。

（二）重视全新教学方法实际效果

在目前的互联网环境下,教师需积极倡导创新教学,然而部分教师却过于关注多媒体技术和网络平台的应用,忽视了其对商务英语谈判教学的实际影响。尽管教学模式有所创新,但教学效率并未得到显著提高。因此,教师在引入互联网相关技术时,应避免过度依赖先进技术,并时刻警惕过于注重形式而忽视教学质量的情况。为了有效推动商务英语谈判教学的创新,教师应跳出传统教学模式的束缚,积极探索并习惯多模态互动教学方式,同时结合个人教学风格以及学生的学习需求。

此外,教师还需注重培养学生的合作精神,尊重每位学生的学习习惯和学习特性。只有全面了解学生的学习情况,才能在元认知理论的基础上,引导学生相互协作,将商务英语谈判的碎片化知识点有机结合,促使学生在取长补短的过程中内化知识并提高专业技能。

在互联网背景下,教师还应引导学生重视课前的自主学习行为。学生不能仅依赖教材,而应积极利用网络平台获取更多元化的教学资源。通过多模态教学软件和系统模块,学生可以更好地关联课堂中的知识点。同时,教师应有效利用微课和翻转课堂教学模式,分享相关教学资源至网络平台。学生在自主学习阶段可以根据个人学习节奏和习惯选择性地观看视频资源,从中提取重要知识。了解商务英语谈判的背景信息有助于学生延续个人学习习惯并培养学习意识。

在商务英语谈判教学中,教师可组织学生在网络平台中预先了解某一谈判案例的过程和背景。通过课前观看与分析,学生可以了解谈判的成功之处和不足之处,并将其感受带入课堂与大家互动交流。利用互联网相关技术的自主学习活动能够帮助学生切实感受到商务英语谈判所需技能及注意事项。充分利用课前时间了解学习内容、提出质疑、总结收获,有助于创新课堂教学内容和互动模式。

自主学习后,教师应积极构建双向互动的课堂模式。在互联网背景下,教师与学生的角色发生了巨大变化。在商务英语谈判中,教师不再是知识和技巧的单纯灌输者,而应结合互联网教学平台上的丰富资源翻转课堂。除翻转课堂过程外,师生角色也应得到翻转,使学生成为学习活动的主要参与者和主动实施者,而教师则以提供资料和技巧引导的身份存在。结合课程内容,教师可以在课前为学生布置教学任务。学生需要课前了解某一谈判案例双方的谈判需求和目的,并分组进行项目化谈判准备。在课堂中,学生将分别以谈判双方角色参与项目展示和完成。教师应根据学生的表现判断其课前学习情况、把握教学进度、了解学生的现有能力,并有针对性地提供帮助和监督。

(三)提升商务英语教学活动综合性

商务英语谈判是一门综合性强的学科,其学习内容涵盖了英语语言、国际贸易、交际技巧和心理素质等多个方面。学生需要具备扎实的英语基础、国际贸易知识,以及出色的交际能力和心理素质,同时要了解不同文化背景下的谈判技巧。在进行商务英语谈判时,学生需要调动各方面的知识和技能,以应对复杂的谈判环境。

在互联网时代背景下,教师需要转变传统的教学模式,利用多媒体手段开展立体式教学。通过音频、视频、文字等多种形式,为学生提供真实的学习体验和交流平台。教师可以利用网络平台播放商务英语谈判视频,让学生模仿并掌握基本交际技能。同时,可以布置实践任务,要求学生进行个人的谈判训练并拍摄视频,上传至网络平台接受评价。通过反复评价和对比,帮助学生发现自身不足并加以改进,促进其快速成长。

在商务英语谈判教学中,教师需要注重课堂教学活动与任务的设计,以提高学生的综合能力。通过细致的观察和评价,教师可以帮助学生发现自己在语言使用、肢体动作、个人神态和时间把控等方面的不足,并提供有针对性的指导。这种教学模式能够帮助学生更好地掌握商务英语谈判技能,提高其实战能力。

(四)注重礼貌的贸易谈判

在贸易谈判过程中,我们应保持礼貌的言谈举止,因为这样更容易获得对方的认可,增强对方的信任感。且不论文化背景如何,更何况人们都看重谈判过程中的礼貌。此外,谈判人员在交流中要注重细节处理,善用商务英语的礼貌表达,以增加对方的好感,提高谈判成功的概率。谈判人员的礼貌行为不仅展现了自身的素养,也代表了所属一方的整体形象。因此,在谈判过程中,我们要保持不卑不亢、谦逊得体的态度。同时,在应用商务英语时,语言应简练,避免冗长和重复,确保信息准确、实事求是,不夸大事实。

(五)注重委婉的贸易谈判

在谈判过程中,含蓄地表达个人意见是一种策略,它既能为双方铺设台阶,维护彼此的面子,又能有效地传达个人观点。根据谈判背景,我们需要灵活运用主动语态和被动语态。主动语态强调动作的发起者,而被动语态则强调动作的承受者。在谈判中,当一方需要强调按照合同协议等规定履行义务和职责时,使用被动语态更为适宜。这种方式往往有助于促进谈判的成功。因此,在谈判过程中,采用含蓄委婉的表达方式能给双方留下回旋余地,使谈判气氛更为融洽。在商务英语中,常用"We would suggest that""It seems to me that""I am afraid that"等表达方式来委婉地表达个人意见。这些表达方式既保持了语言的严谨、稳重、理性,又体现了官方的正式风格。

(六)巧用幽默的贸易谈判

在对外贸易谈判中,谈判人员需根据不同国家的文化背景,灵活调整商务英语应用技巧。西方人更倾向于在谈判中营造幽默的氛围。在紧张的谈判环境中,适当的幽默有助于缓解紧张气氛,使双方保持轻松心态。为此,谈判人员需提前做好调查工作,熟练掌握英语中的幽默典故,并将其巧妙运用于实际谈判中。与直接表述相比,借助幽默的语言提出质疑,更能引发对方深思。因此,在未来的贸易谈判中,我们应更加注重商务英语应用中的幽默技巧。若双方均有强烈的合作意愿,幽默的谈判风格将会为合作奠定良好基础。

（七）贸易谈判中的拒绝策略

在贸易谈判过程中,矛盾的出现是不可避免的。当双方难以达成一致意见时,需要经过深思熟虑和反复磨合,才能实现成功的合作。在这个过程中,双方都需要作出一定的妥协和让步。然而,如果其中一方提出的问题突破了另一方的底线,那么必须采取合理的方式予以拒绝。在商务英语应用中,这一点尤为重要。在表达拒绝时,我们需要展现出商务英语的技巧,以避免使双方陷入尴尬的境地,同时最大限度地维护己方利益。

在互联网的大背景下,各类新兴教育模式得以广泛推广,网络平台的教育价值也日益受到大众的认可。商务英语谈判学习,作为以国际贸易知识为基础的重要课程,其教学目标是培养具备商务英语应用技能的优秀人才。在此背景下,教师应积极探索全新的教学手段,尤其要重视加强学生的商务英语谈判实践训练。通过这种方式,我们能够更好地培养学生的交际能力和解决实际问题的能力,充分发挥互联网技术的优势,弥补传统教学活动的不足之处❶。

第五节　商务英语教学中的跨文化交际能力培养

一、跨文化交际能力

（一）跨文化交际能力概述

在国际层面,由于自然地理、饮食习惯、意识形态、社会治理和居住环境的不同,所以不同文明之间存在显著差异。跨文化交际,主要指在

❶杨阳.互联网+时代商务英语谈判教学模式研究[J].文化创新比较研究,2020(30):112-114.

不同国家或地区间,尤其是文化差异较大的国家或地区间,进行的信息交流与传递的行为。从表面上看,跨文化交际指的是使用A语言与使用B语言的文明进行经济互动、人事交流等交际活动,然而这背后却反映了语言习惯与文化背景的巨大差异。当不同文化背景的人士进行跨文化交际时,实际上是揭示了各个文明在历史演变过程中形成的巨大差异。跨文化交际可以是国家之间、民族之间或个人之间的交际活动,其内容涉及日常习惯、礼貌、称谓、价值观、政治观点等方面❶。

跨文化交际能力的定义在不同领域有所不同。斯皮茨伯格认为,这种能力是个体的关键,涉及一个人在特定环境下能否恰当地、顺利地进行交流。凯斯特和拉斯丁则认为,要达到跨文化交际的效果,必须具备适当的动机、丰富的跨文化知识、适当的行为和技巧。怀斯曼也认为,在与其他国家的人进行恰当和高效的交流时,需要具备的知识、动机和技能就是跨文化交际能力。这种能力能够提高人们在不同的语言环境和文化背景中的交流效率。

汪胜华从学者和教师的角度出发,认为跨文化交际能力的表现之一是更好地运用其他语言进行跨文化交际。他把"目标语言社会文化能力"与"跨文化交际能力"相对应。此外,许多学者还用其他词语来解释跨文化交际能力的概念,如"文化能力""交际能力"和"外语交际能力"等。

商务英语具有很强的应用性,而跨文化交际能力对于应用型人才的主要意义在于在不同背景下与不同背景的文化人士开展语言交流,以解决在交流中出现的实际问题,而不仅仅是为了进行理论意义上的探讨。

（二）跨文化交际能力的重要性

人类在日常生活中所使用的每一种语言,都蕴含着独特的文化内涵和特征。这些语言不仅承载了丰富的文化底蕴,还是人们进行沟通交流的重要工具。学习语言的初衷,不仅是掌握其背后的文化,更是在不同文化背景的人们之间建立起高效沟通的桥梁。在国际商务环境中,由于文化差异的存在,商务沟通往往面临诸多挑战。只有真正具备跨文化交

---

❶赵秀华.商务英语谈判中跨文化交际问题及应对策略[J].国际公关,2023(9):104-106.

际能力的人,才能从容应对各种情境,顺利达成商业目的。因此,在商务英语教学中,培养学生的跨文化交际意识至关重要,同时需要不断提升他们的跨文化交际能力。

在企业的贸易往来中,为了确保双方的合作愉快并持久,交流者必须具备良好的商务沟通能力。这种能力不仅是维持长期贸易关系的基础,也是影响合作方信任和意向的关键因素。对于商务英语专业的学生来说,大多数人都期望能够找到对口的工作,如进入涉外企业,并充分发挥自己的专业优势。然而,要实现这一目标,学生必须着重培养自己的跨文化交际能力。从当前的发展趋势看,越来越多的高校在商务英语教学改革中开始重视跨文化交际能力的培养。这无疑对于该专业学科的未来发展具有重要的推动作用。

1.及时规避文化冲突

众所周知,交流是一门深奥的艺术,尤其在涉及对外贸易的企业之间。在国际贸易的交往中,由于各国文化、观念和习俗的差异,所以语言表达和沟通的技巧显得尤为重要。如果不了解合作方国家的文化背景、商业惯例以及忌讳之处,很可能会在言语上触碰到对方的敏感点,造成不必要的误解或冲突。这种沟通上的失误,不仅可能破坏合作方对我方的良好印象,更可能给企业带来巨大的资源和经济损失。

因此,跨文化交际能力是确保国际商务沟通顺利进行、避免文化冲突的关键因素。这就要求教师在教授商务英语课程时,要明确学科定位,注重培养学生的跨文化交际能力。在日常教学中,应积极向学生传授跨文化交际的要点、技巧和注意事项,以增强学生的实际应用能力。这样,学生不仅能够掌握商务英语的基本知识,还能更好地适应国际商务环境,为企业的发展作出更大的贡献。

2.培养学生树立文化自信

在高等教育中实施商务英语教学时,应将跨文化交际能力的培养纳入教学计划,以提高学生的文化自信。跨文化交际能力,是指在不同文化背景下,能够得体地、符合社会规范地进行有效沟通的能力。学生在学习商务英语过程中,应具备这种基础能力,这需要长时间的积累和实践。教师应在教学中为学生提供足够的机会,培养他们的跨文化交际能力。在了解外国文化时,学生应将本国文化与之进行对比,以便更深入地理解本国文化的独特之处。我国悠久的历史文化底蕴将赋予新时代学生更多的自信。当学生对本国文化感到自豪时,在与国外贸易方进行谈判时,他们将更有底气和自信,从而能够更好地推动商务谈判的进程。

二、跨文化交际能力的重要性

(一)有利于拉近彼此的距离

对于高校英语专业的学生来说,他们未来职业发展方向是从事英语工作,要经常与外国人进行沟通和交流,充分了解对方的文化,有利于拉近彼此间的距离,从而实现良好的合作。在对外贸易中,只有充分尊重对方的文化,才能达成有效的合作。所以英语专业的学生必须提升跨文化交际能力,这对于他们未来的工作有重要的帮助。

(二)有利于避免文化的冲突

在国际交往中,交往双方有不同的文化背景,他们对同一事物有不同的看法和理解,容易产生一些冲突。外贸工作者必须了解对方的习惯表达方式以及禁语,否则将会引起对方的不适,交流则很难继续下去。拥有良好的跨文化交际能力的人,能够在交往中避开敏感话题,让对方感到充分的尊重,从而留下良好的印象。

(三)有利于增强学生的文化自信

许多学生在与外国人进行交流的时候,自信心会大大削减,无法表达出自己内心的真实想法和意见。文化交际能够让学生根据不同的场合选择合适的表达方式,让学生的语言变得更加大方得体,同时对自己的文化更加自信,在商务谈判和交流中有足够的底气。

三、国际商务活动中常见的文化差异

(一)商务时间观的差异

在国际商务活动中,时间观念是非常重要的,这也是学生必须掌握的基本技能。不同的国家对于时间的理解不同,这也会在一定程度上影响他们的行为。

1.双方的时间概念不同

例如,美国人在参加商会时,他们总是会准时到达,不会过早也不会过晚。如果过早的到达,会给人急切、空闲的感觉;迟到则会让人感到没有诚意。我国民众通常会早于约定的时间到达,我们认为早到达约定场所,是尊重别人的体现,展现了足够的诚意。

2.作息习惯存在差异

例如,法国人的午餐习惯在中午12点开始,西班牙人的午餐则在下午三点开始,这些要求商务活动参与者要根据当地的习俗安排会谈的时间。

3.时间的支配方式不同

例如,美国、瑞士等国家习惯在一定时间内专注一件事,法国人则同时开展几项活动,表现为一定的无组织无纪律。

（二）商务空间观的差异

不同文化背景的人对空间的理解也不同,所以学生要对不同国家的空间观进行了解。

1.空间开放程度存在差异

例如,如果美国人在沟通的时候,他们的门是开着的,则表明他们愿意与别人进行沟通和交流;反之,如果门是关着的,则表明不愿受外界的干扰。但是德国人的门始终都是关着的,他们不希望受到别人的打扰,如果有特殊的事情,则需要经过主人的许可才可进入。

2.对各自空间保留需求不同

例如,西欧人在握手的过程中,会保持两臂以上的距离;阿拉伯人则会尽可能的亲热,表达对对方的喜爱;美国人则只简单的打一个招呼。如果空间较窄,会给人一种压迫感。因此在表示对对方的欢迎时,要尽可能的安排较为宽敞的场所,这样才能促进商务谈判的达成,促进国际贸易工作的有效开展。

（三）商务价值观和道德观的差异

不同文化背景的人有不同的价值观和道德观念,这主要是由于他们的道德本位不同。

1.价值观念的差异

西方国家崇拜个人主义,鼓励民众不断地开拓创新,从而实现自我的飞跃。相比之下,中国民众则比较规矩,通常会比较内敛且自我否定,这在交往中会引起其他人的不满,难以获得他们的理解。

2.道德观的差异

我国的道德观念主要是帮助别人、无私奉献,要通过自己的努力帮助公司提升绩效。但是西方国家崇尚平等,他们认为每个个体都是相同的,要以自我为中心,个人的权利不允许别人来侵犯。所以在和西方人开展商务活动中,他们不会关心和帮助别人,反而会认为主动提供帮助的人具有蔑视的行为,是在侵犯私人的权利。

（四）人际交流的差异

商务礼仪在日常交往中有广泛的应用,能够充分展示一个人的素质水平。

1.寒暄方式不同

中国人初次见面会询问对方的年龄和职业,西方人则认为这是侵犯他们隐私,只需要简单说一句"Hello"即可。

2.致谢方式不同

西方人经常会表达感谢,而中国人会相对比较谦逊。

3.招待方式不同

西方人主张"Help yourself, please",中国人则非常热情好客,这种行为会被西方人认为是不礼貌的。

因此,在跨文化的商务交流中,参与者要充分了解对方的文化习俗和背景,才能实现理想的商务谈判效果❶。

四、商务英语专业学生跨文化交际水平较低的原因分析

根据目前高校商务英语教学的实际情况,普遍存在学生跨文化交际水平较低的问题,造成这一现象的原因有多种,其中以下五点为主要原因。

---

❶杨瑞霞.高校商务英语教学中跨文化交际能力培养分析[J].中国科技期刊数据库科研,2022(7):31-34.

（一）学生的商务专业语言知识匮乏

商务英语,顾名思义,是英语在商务领域的应用。尽管社会情境与相关语境有所不同,但商务英语教学的最终目的仍是培养学生的英语语言能力。以"capital"这个单词为例,在普通英语教学中,其含义为"首都",而在商务英语中,教师会首先介绍其商务层面的意义"资金、资本"。

为了具备良好的跨文化交际能力,扎实的语言能力是基础。若缺乏丰富的语言知识,交际能力的提高将受到限制。遗憾的是,目前商务英语专业学生的英语语言知识普遍较为匮乏。

剑桥商务英语证书(BEC)是当前较为权威的商务英语考试,但国内的通过率仅为30%。通过对历年考生成绩的回顾分析,发现考生的口语和写作成绩普遍偏低。根本原因在于学生的语言知识不足,难以用英语进行准确的表达。

（二）母语的负迁移影响

在第二语言习得的过程中,母语迁移现象是一个常见的问题。母语迁移分为正迁移和负迁移两种,其中负迁移会对第二语言的习得产生不利影响。以商务英语专业的学生为例,由于受到母语负迁移的影响,他们经常在商务情境中出现语用错误。例如,当被问到"Would you like a cup of tea?"时,很多学生会基于汉语思维直接回答"Yes, I would"或"No, I wouldn't"。虽然这种回答在语法上是正确的,但并不符合西方人的交际习惯。正确的回答应该是"Yes, please."或"No, thanks."此外,还有其他类似的例子,如"May I borrow some money from you?"的正确回答应该是"I'm afraid not."但不少学生会回答"No, you can't."因此,在第二语言习得过程中,我们需要关注母语迁移现象,特别是负迁移的影响,并采取措施来减少其对第二语言习得的干扰。

（三）课程体系尚不够完善

商务英语在国内的发展历程相对较短,其课程设置仍需进一步完善。当前,高校商务英语专业的课程主要集中在商务理论和语言知识方面,而缺乏专门的文化课程,这导致学生在提高跨文化交际能力方面存在一定的困难。在日常教学中,英语教师往往只是简单介绍文化知识,未能将其作为教学重点,从而忽略了对学生跨文化能力的培养。学生过于关注商务词汇的记忆,而教师也会受其影响,将教学重点放在商务词汇的介绍上,对相关文化现象的讲解则相对简单。这种教学方式无法有效提高学生的跨文化交际能力。

高校在对商务英语课程进行设计时,通常包含了两个部分,主要是商务交往理论知识和商务英语语言知识。

大部分高校并没有开展商务英语相关的文化课程,导致学生没有机会参与跨文化交流,他们对英语文化背景的了解较少,也缺乏一定的跨文化交流意识。部分教师在对文化进行讲解时,并未详细地讲述文化故事,而是将时间放在了商务词汇的讲解上。商务英语的专业课包含了商务口语以及商务翻译等,这些课程具有良好的实用价值,但是并没有从跨文化交际的角度进行革新,无法真正锻炼和提升学生的商务口语能力,也无法培养他们的商务谈判能力,不符合商务英语教学的基本目标。

（四）教学手段单一,缺少课外实践活动

商务活动的实践经验至关重要,但目前商务英语教学形式过于单一,以教师讲授为主,导致学生缺乏接触实际商务活动的机会。在这种情况下,学生对于商务活动的认知大多仅限于教材,无法深入了解实际操作和感受。因此,学生在分析解决商务问题的能力上存在较大的不足。

（五）商务英语师资数量少,实力弱

商务英语教师队伍中,大部分教师原本从事的是英语语言文学相关的教学工作。这些教师具备深厚的英语语言功底,但在商务专业知识和跨文化交际方面存在一定不足,难以将这两方面内容有机融合。而从经贸专业转型的教师虽然具备坚实的专业基础,但在英语语言表达方面可能存在短板,难以清晰地讲解涉及具体商务环境的实践内容。因此,如何将语言知识和商务知识紧密结合,同时有效培养学生的跨文化交际能力,成为摆在大多数商务英语教师面前的一大挑战。

五、商务英语教学中培养学生跨文化交际能力的对策

(一)建立完善的商务英语课程体系

高校要对商务英语课程体系进行革新,要充分结合当前人才培养的目标,设计合适的课程内容。

首先,教师可以在学生的必修课中增加中外文化课程,让学生对中外文化的差异有深刻的理解,从而提高他们的文化意识。其次,许多高校的口语课程都是由外教来教授的,这能让学生有学习和展示的机会,同时了解外国人纯正的表达方式。高校可以在高年级的课程中增加英美文化相关的课程,让学生对这部分内容有更加深刻的理解。最后,高校还要对传统的教材进行革新,要根据心中的课程内容,对教材进行删减和补充,让学生能够积累更多的文化知识,掌握交流的技巧和方法。

(二)引导学生参加实践活动

实践是提高学生英语知识运用以及语言表达能力的方式,高校应该为学生提供丰富的实践机会,让学生在实践中得到锻炼和成长。

首先,高校可以积极与企业进行合作,让学生在寒暑假到企业中进行学习和培训,深入地感受对外商务活动的魅力。其次,高校也可以与相关部门和单位进行合作,带领学生参加外贸交流会或者世博会等相关活动,让学生在其中担任志愿者,获得更多与外国人沟通和交流的机会。最后,高校还可以与其他国外高校进行合作,举行短期的交换活动,让学生能够到国外的环境中深刻感受文化的差异,增强他们对西方文化的理解和认知,但是要加强对本国文化的自信。

(三)创新商务英语教学模式

教师可以采用情境教学法的方式,组织学生对商务活动进行模拟,让他们在模拟的过程中感受商务交流和谈判的重点。

在模拟的过程中,教师要赋予每位学生不同的身份,让他们从身份角度出发,去与别人进行沟通和交流。

模拟结束之后,教师可以从多个方面对学生的表现进行评价,从而提出针对性的改进策略。教师可以从礼仪、文化背景、表达方式以及词汇

语法等多个方面进行评价,同时要适当地对学生进行鼓励,让他们敢于表现自己,从而不断增强他们口语表达的和交流的信心,让他们逐渐养成跨文化交往的思维。

另外,教师还可以开展小组教学,每个小组根据自己的爱好选择一个国家,从各个角度对这个国家的文化进行剖析,然后用英语进行汇报。小组之间要互相倾听并进行点评,从而积累更多的文化知识。

(四)提高师资队伍综合素质

高校要加强对教师的培训,提高教师队伍的综合素质水平。一方面,高校要积极引进高水平的英语教育工作者,提高跨文化交际教育的质量,推动高校教学方法和理念的变革。另一方面,高校要积极开展相关的教育和培训工作,让教师在培训中获得提升,让他们充分认识到跨文化学习的重要性,增强他们对英语国家文化的储备量,从而推动商务英语教学工作的进步。高校可以为教师提供出国交流和学习的机会,让教师能够深入当地的环境中去感受文化差异,从而为学生提供更好的教学素材,优化教学的效果。

(五)培养学生自主学习能力

教师要为学生提供自主学习的机会,提高他们对跨文化学习的积极性。例如,教师可以利用微信、QQ等平台,分享关于文化的相关视频和内容,让学生在课下也有机会进行学习和探究。学生也可以将自己的发现分享到群中,与其他同学进行讨论。教师可以为学生推荐关于跨文化交流的相关影片和书籍,让学生在课下自行阅读,然后写出自己的心得和感受,并通过英语的方式向其他同学分享。这样能让学生真正地对商务英语感兴趣,主动参与相关的学习和探讨当中,拓宽他们的知识面,有效开阔学生的视野。

(六)开展课外活动

在高校的商务英语教学过程中,还可以通过开展各种课外教学活动等方式培养学生的跨文化交际能力。例如,高校可以开展英语国家文化知识竞赛活动,在竞赛过程中既能够检验学生的知识储备,同时能丰富学生的知识体系,开阔学生的知识视野。高校还可以开展英语国家文化宣传、跨文化交际社团以及俱乐部等活动,提高学生的跨文化交际能力。

总而言之,跨文化交际能力的培养对于商务英语的学习来说非常重要,高校和教师要高度重视,在教学中区分普通英语和商务英语教学,根据实际的需求,完成人才的培养工作,让学生了解到更多西方文化,正确地认识和对待文化差异,掌握跨文化交流的相关技巧,提升商务英语知识的应用水平,成为综合型的商务人才。高校要积极创新教学模式,完善课程教学体系,解决目前教学中存在的问题,促进学生英语素养和交际能力的提升[1]。

六、商务英语教学中培养商务文化意识的路径

在商务英语教学与商务文化意识培养之间建立紧密的联系,以实现二者的协同发展,这也是促进人才全面成长的关键因素。通过这种方式,人才在接触多元西方文化时,能够深刻感受到华夏文明的博大精深与源远流长,从而树立制度自信,自觉成为传统文化的传承者和发扬者。在新时代背景下,这种培养方式将有助于学生在跨国商务活动中发挥积极作用,为商务交流和合作贡献力量。因此,我们需要加强学生对多元化商务英语知识的掌握,并提高他们对商务文化意识培养的重视程度。通过这种方式,学生将能够更好地了解和适应不同国家的文化习俗与商务语言,同时加深对沟通艺术的理解和认知。

(一)商务英语教学中培养商务文化意识的必要性

在全球化经济的背景下,商务活动的多样性对语言人才提出了更高的要求。商务英语教学的进一步发展,不仅有助于培养具备多种能力的综合型人才,还能更好地满足市场经济的需求,为人才国际化视野的拓展提供有力支撑。由于不同国家间的文化、经营习惯和消费心理存在差异,因此,在涉外商务活动中,人才需要对不同国家的法律体系和政治体系进行深入分析,以便构建一个良好的交易环境,确保商务活动地顺利进行。

---

[1]梁秀花.商务英语教学与跨文化交际能力培养策略[J].现代英语,2020(17):15-17.

然而,目前商务英语教学中存在的一个问题是缺乏对商务文化的关注,这导致了语言与文化的脱节,不利于学生跨文化交流能力的提升。这种情况也使许多毕业生在毕业后难以快速融入职场。尽管商务英语教学已经注意到了帮助学生积累多元化的词汇,但由于缺乏对文化培养的重视,学生的语言素养仍无法得到系统性的提升。

随着我国综合国力的不断增强,涉外商务活动的数量也在持续增加。为了在这些商务合作中展现出更高的专业性,人才不仅需要具备交际能力,还需要具备跨文化交流的意识。这凸显了在商务英语教学中融入商务文化培养意识的重要性。通过积极加强文化渗透,可以进一步提升学生的职业核心素养。

观察现阶段的商务英语教学可以发现,虽然学校已经注重培养学生的听说读写译能力,但由于缺乏与企业的有效合作,学生往往无法深入了解企业的实际需求。这不仅不利于学生加强对商务文化意识的关注和重视,也制约了商务英语教学结构的完善,限制了素质教育的发展和优化。因此,为了更好地适应全球化经济的发展趋势,商务英语教学应更加注重与企业的合作,以便更好地满足市场需求,同时加强文化渗透,提高学生的职业核心素养。

(二)中西商务文化意识差异的成因

1.语言差异

在传统的英语教学中,我们过于强调对学生听、说、读、写、译等技能的训练,这导致学生只能理解语言的表面意义,而无法深入领会其背后所蕴含的深层次文化。文化,作为影响语言表达的核心要素,其缺失将不利于学生跨文化交流能力的提升,也可能导致他们在交际中遇到障碍。

由于不同民族的语言形成背景各异,所以语言转化模式也会因此有所不同。若对文化缺乏理解,翻译时便可能出现偏差,甚至与原意大相径庭。语言差异与文化差异、民族思维习惯紧密相连,商务活动作为商业需求的产物,其翻译追求精准性和科学性。因此,加强对学生商务文化意识的培养,有助于克服由语言差异带来的交流障碍,不仅能提升他们的听、说、读、写、译能力,还能提高他们的语言素养。

通过英语学习,我国学生可以感受到不同国家的语言文化,进而提升商务文化意识。在商务活动中,基于不同国家的文化背景传播传统文化,不仅有助于学生逐步克服语言差异,也为商务英语教学的优化与创新奠定基础。

以商务活动中的语言谈判为例,由于中西方文化观念存在差异,所以谈判风格和话题选择形式也会有所不同。因此,在进行多元化商务谈判时,我们需要提前了解对方国家的语言文化,以构建和谐的谈判氛围并形成良好的合作关系。

2.价值观念

价值观念作为不同民族的核心要素,对于我国走社会主义国家路线的新时代大学生来说,树立社会主义核心价值观是至关重要的。然而,西方国家则倡导"民主"和"自由",这种价值观的差异正是导致中西方文化出现明显差异的主要原因。由于中西方文化存在显著差异,所以商务英语教学难度较高。因此,在教学过程中,教师应切实提高学生的商务文化意识,引导他们了解不同语言背后的价值观念,促进学生形成认知价值观。此外,教师还应引导学生感受中西方商务文化意识的差异成因,以及不同国家在发展文化时的异同。

为了实现这一目标,教师可以在教学过程中融入传统文化的内容,期望学生在学习传统文化的过程中感受传统文化的魅力,进而提升他们的文化自信和制度自信。这样做可以避免学生在学习英语的过程中丧失文化自信。

值得注意的是,改革开放以来,我国经济实力与综合国力不断得到提升,但在特定年代,部分群众丧失了文化自信,导致部分青少年对西方文化产生了盲目崇拜。考虑到英语教学中本身蕴含了多元化的西方文化内容,教师在教学过程中应进一步融入传统文化,平衡中西方文化的融入比例。只有这样,才能引导学生提升辨别意识,避免他们在学习过程中受到西方功利主义和自私主义的影响。

3.地理环境

生活区域对民族文化有着显著影响,不同的地理环境塑造了截然不同的文化特征和民众性格。深入研究西方海洋文化,我们发现其民众展现出强烈的"知者"性格,而对我国文化的深入剖析,则凸显出"仁者"的特质。地理环境的巨大差异导致了人们在生活方式、生产方式上的不同,进而影响了他们的思维方式与心理活动。西方国家作为海洋国家,其民众因从事航海贸易而具有激情澎湃的性格,而我国则因依山傍水、以农耕文明为主,形成了相对稳定内敛的民族性格。

深入理解不同地理环境下的语言文化与民众性格,对于推动文化发展具有重要意义。在商务活动中,我们应关注中西方商务文化意识的差异成因,加强对中西方文化的系统梳理。这有助于我们了解不同国家的礼仪习惯,并借助商务礼仪提高学生的跨文化交流能力。

语言差异、价值观念和地理环境是影响文化的主要因素。而商务英语教师作为文化的传播者,应充分了解不同语言背后所承载的多元化文化。这要求他们熟悉各国的价值观念和地理环境,从而优化教学架构,提升教学质量,以促进学生全面发展。

(三)商务英语教学与商务文化意识培养路径

随着国际贸易的迅速发展,我国与其他国家之间的交流也日益频繁,而跨文化交流中面临的问题也逐渐突出。在经济全球化背景下,在商务贸易中展开跨文化教学已经成为高校商务英语课程教学的重要内容,培养学生跨文化交际意识也成为教育工作者的共识。所谓跨文化交际意识就是在语言和文化背景方面有差异的人们之间进行有效沟通和交际的一种观念和能力。从目前高校商务英语专业人才培养来看,许多学生虽然掌握了扎实的英语知识,但是在商务交流中由于对文化差异的认识不足,所以经常在商务接待、商务谈判等环节出现问题,影响了对外贸易的顺利开展。针对此,高校应顺应跨文化时代背景下我国对外贸易发展的趋势,提高对学生跨文化交际意识的培养,进而为国家输送优秀的复合型人才。

1.整合教学内容,培养学生跨文化交际意识

教学内容是培养学生跨文化交际意识的主要载体,在高校商务英语专业教学中,教师需要运用具体的教学内容引导学生了解东西方文化的差异,促使学生接受文化差异并化解冲突,从而实现更加顺畅的商务沟通。基于此,在商务英语专业教学中,教师应整合教学内容,有意识凸显内容中跨文化交际的主题,以实现对学生的教育和培养。

例如,在商务英语中"电话英语"是一个重要主题,针对这一主题教材中的内容十分充实。其中有一份电话信息,具体信息包括:

Date:Tuesday 13th December(9:50 am.)

Message for:Jane Aston(Marketing)

Message from:Mr.Kim Lee(Sales Director,Seoul Motortec)

Key message:Meeting next week impossible(all flight fully booked)Will arrive Thurs 24th for 3:30 pm.Meeting Call/fax Mr.Lee on 093 622841(N.B. not in office 18th/19th December)

教师应围绕这份电话信息的格式内容引导学生的思考,让学生认识到电话英语信息的数字格式,并理解跨文化交际的意义。

2.以教学方法为着力点,增强学习者的文化敏感性

商务英语教师在推动商务英语教学发展的过程中,需要从教学方法入手,充分认识培养学生商务文化意识的重要性。为了提升学生的商务交际能力,增强其文化敏感性,并助力其就业能力与职业核心素养的提升,教师需要采取一系列措施。

教学方法是渗透教学内容,实现教学目标的重要方式。对于商务英语专业学生而言,跨文化交际意识的培养不是一蹴而就的,而是一个循序渐进的漫长过程。因此,灌输讲解的方式虽然能够让学生了解英语文化的相关知识,但是在学生意识培养、价值引导方面却难以达到理想的效果。因此,教师应结合教学实践推动教学方法的创新,让学生更加顺利地接受教学内容,并潜移默化提升跨文化交际意识。

(1)教师应培养学生的商务文化意识

教师应将培养学生的商务文化意识作为教学目标,促进学习者深入

了解不同词汇及称谓在商务环境中的应用方法。这有助于提升学生的跨文化交流能力,确保他们在理解中西方文化差异时,能够更加熟练地运用商务语言。例如,教师在教学过程中可以对相同词汇在不同商务情景中的应用进行解析,引导学生通过小组合作加强互动与交流。这不仅有助于学生真正理解语言背后的文化差异,并能在不同文化背景下利用恰当的语言形式展开交流,避免在工作中出现词汇使用不当的问题。

(2)教师应注重助力学生加强词汇积累

在引导学生了解不同国家的文化背景与文化知识后,促进他们积累多元化的词汇。鼓励学生利用互联网了解不同国家的发展历史与语言文化,可以为商务文化意识的培养奠定良好基础,同时有助于商务英语教学的创新与优化。例如,教师可以引导学生阅读不同国家商务相关的新闻,利用广播和网站获取蕴含多元化语言文化的资料。这有助于引导学生了解不同国家的商务背景,提升商务英语教学的质量,完善商务英语教学架构,并增强学生的商务文化敏感性。

(3)教师应创新商务英语教学内容

教师要以先进的教材为载体,实现商务英语教学内容与商务文化意识培养的有机融合,确保在教学中全面展开商务文化意识的培养,打破传统单一化的课堂教学模式。在构建传统纸质教材的同时,线上的教育内容也应随之革新。多元化教材的革新应积极征求企业、学生和教育工作者的意见。多方意见的参考有利于完善教材结构,并为商务英语教学与商务文化意识的培养奠定良好基础。

例如,在商务英语课堂教学中,教师可以针对传统的讲解式方法进行优化,以突出学生的主体地位,让学生在思考探究中深入认识跨文化交际的重要性,并形成相应的意识。

又如,在讲解不同文化背景下的礼仪习惯的相关知识时,教师将课堂讲解的主动权交给学生,让学生围绕商务礼仪制作报告,并在课堂上进行展示。这样的教学方法为学生总结梳理商务礼仪提供了机会,也让学生能够自主挖掘不同文化背景下商务礼仪形成的原因,提高学生的认知,从而促使学生在未来的跨文化交际中主动遵循商务礼仪。

再如,商务英语专业学生在未来可能会进入外企工作,而参与外企的面试则是获得工作必不可少的环节。基于此,教师以"面试"为主题设计教学任务,并采用情境教学方法引导学生参与角色扮演,从而了解外企面试官的思维方式、提问技巧等,提升跨文化交流的意识,为学生未来参加工作做好准备。在面试情境中,教师组织学生分组合作,学生分别扮演"外企面试官"和"应聘者",根据任务要求,"外企面试官"设计问题:Can you introduce yourself in two minutes?"应聘者"则照搬中文面试常用的模板进行自我介绍,但是由于外企环境对于人才的需求与国内企业之间存在差异,同时外企面试官的思维和习惯与国内面试官也存在不同,模板化的自我介绍就显得过于平淡缺乏个性,很难引起面试官的注意。

基于此,教师针对情景中学生暴露出的问题组织讨论,并在讨论中有意识地渗透跨文化的背景,促使学生进行对比分析,了解外企对于人才素质的要求,进而调整自我介绍的内容,传达更具吸引力的信息。有学生通过体验情境、分析跨文化差异,将面试内容调整为:The past few years, I've gotten really into geocaching. I love the challenge of finding caches and spending time outdoors with friends. I like using my problem-solving skills to find the ones that are really well-hidden. Learning how people hide things, and where people are likely to look, has helped me tremendously in my design work. It's all about learning to see things through someone else's eyes. 这一份自我介绍重点说明自己的经历和兴趣爱好,重点展示与工作相关的学习能力、团队协作能力和敢于冒险拼搏的精神,因而更利于实现跨文化交流。

此外,在商务英语教学中,教师还可以通过项目教学方法培养学生的跨文化交际意识。例如,教师以"商务会议组织安排"为主题设计教学项目,并结合会议组织安排的过程渗透跨文化交际的信息,让学生结合商务英语学习提高对文化差异的认识,形成良好的交际意识。在项目教学指导中,教师首先为学生介绍项目主题和背景,明确具体的学习任务:第一个任务,Preparing for meeting Mini-presentation,第二个任务,Chair a Meeting Mini-presentation,第三个任务,Collaborative Task and Discussion.

在学生探究任务的过程中,教师结合任务内容对学生进行提示,并引导学生注意跨文化交际环境下可能出现的问题。例如,在学生完成第一个任务的时候,教师提出疑问:What is important when selecting a place for a business meeting? 学生通过小组讨论后确定"size of rooms available""facilities offered""cost of hiring"这三项内容是需要重点注意的;接下来,教师引导学生继续思考,并围绕这三项内容丰富信息,设计商务对话,保证对话内容契合英语文化环境。在学生完成第二个任务时,教师依然通过问题引导学生拓展思考:Do you think it essential to have a good chairperson when running a meeting? How important is it to keep control of the meeting when it proceeds? 在问题的驱动下,教师引导学生分组合作,模拟会议主持,同时教师从不同文化环境下与参会人员的思维方式、价值观念等方面的差异设置"障碍",要求学生以"主持"的身份控制会场,从而进一步理解跨文化交际的重要性,并主动协调不同文化背景的与会人员之间的关系,做好主持工作。在学生完成第三个任务的过程中,教师指导学生回顾之前两个任务,总结组织商务会议的细节。其中在讨论"brepare refreshments""book a meeting room""set a time limit for the meeting""ask the participants to prepare for the meeting"等内容的细节时,教师从跨文化交际的角度启发学生,让学生进一步了解东西方文化差异背景下导致的社交礼仪差异,并引导学生以得体的方式完成会议的组织安排,以保证会议中不同文化背景下商务人员的有效交流。

在上述案例中,可以看出教学方法的灵活选择和创新设计能够引导学生的主动参与、丰富学生的体验,让学生深入认识跨文化交际的重要性,提高思想意识。当然,创新教学方法的路径还有很多,教育工作者应开阔思路、做好教研,为学生跨文化交际意识的培养探索出更多科学有效的教学方法。

3.丰富课外实践,培养学生跨文化交际意识

高校商务英语教学中学生跨文化交际意识的培养不仅要体现在课堂上,还应该体现在课外实践中。在专业培养中,教师应充分利用校内外资源,为学生创造实践环境,让学生真正参与跨文化交际的氛围之中,引

导学生在实践中感知文化的差异,并有意识地调整自己的交际方式,从而提升自己商务交际的能力。

例如,某高校组织商务英语专业学生进入当地文化产业园,并在园区内外企的支持下进行拓展训练。学生的训练内容包括产品推广、团队建设、劳动训练。在产品推广环节,在外企管理者和指导教师的带领下,学生就企业产品的包装、定价、销售渠道以及推广方案等进行商议和策划,提出产品营销方案。由于外企生产的产品有一部分是要远销海外,因此,产品的营销方案需要针对英语文化环境下的目标市场做出优化,保证销售方案契合当地的价值观念、风俗习惯、法律环境、消费理念等。在团队建设环节,外企管理者为学生以及指导教师介绍了自己的团建活动,并讲解团建活动的意图,接下来,学生在管理者和教师的指导下参与丰富多彩的团建项目,增强了团队成员彼此之间的信任,同时在一定程度上了解不同文化背景下的团建。在劳动训练环节,外企管理者带领师生共同参与企业生产的某一环节,并介绍企业文化,指导学生亲身参与劳动,体会劳动价值,培养学生热爱劳动的意识。这一系列的拓展训练为高校商务英语专业与当地文化产业园的合作奠定了良好的基础,也为跨文化交际背景下商务英语人才的培养创造了良好的实践环境。

商务英语专业教师还可以通过与当地外企的沟通,带学生进入企业参观,观摩企业的商务会议、国外教育展览会、商品交易会等,通过现场交流来使学生切实感受商务英语的语言环境,同时在不同的商务场合中与外国人进行英语沟通,了解外企的商业文化。这样通过环境的熏陶可以促使学生更加真实地了解西方文化,承认并尊重民族间的文化差异,提高对跨文化交际的认知,并形成健康的商务交际意识。

此外,商务英语专业教学实践中,教师也可以组织学生参与社团活动,通过社团的力量引导学生进行跨文化交流。例如,某高校商务英语专业教师组织学生建立英语社团,指导社团成员定期展开实践活动,创设商务英语学习氛围,并通过各种渠道介绍英美国家的文化风俗。其中包括播放英文原版影片、教唱英文歌曲、训练商务礼仪、组织商务英语主题座谈等。通过系列的社团活动可以让学生获得充分展示自我的机会,为培养学生的商务英语交际能力和跨文化意识打下了坚实的基础。

综上所述,高校商务英语专业学生跨文化交际意识的培养应该由课内拓展到课外,这样才能拓宽学生的文化视野,锻炼学生的文化品格,让学生以更好的素养面对跨文化环境下的商务交流。

4.以师资培养为着力点,提升教师专业教学能力

商务英语教师作为一线教育工作者,其跨文化交流能力和商务文化素质对于商务英语教学改革至关重要。为了推动商务英语教学的发展,必须加强师资培养和教师职业培训。商务英语教师需要具备扎实的语言能力和丰富的商务知识,才能有效地提升学生的跨文化交际能力,并引导学生系统地学习商务文化。

(1)教师应加强对学习的重视

教师要积极关注不同国家的政治制度和法律体系,通过自主学习不断完善自身的知识储备。这样,教师才能更好地为学生树立良好榜样,并为他们全面了解多元商务文化奠定基础。同时,学校应为教师提供更多的再教育机会,如组织外出交流培训、企业挂职等,以帮助教师更全面地了解商务文化,提升教学能力。

(2)学校应为教师提供多元化的学习与交流机会

在接触不同国家的风俗习惯的过程中,教师能够加强中西方文化对比,引导学生感受不同文化的价值意蕴。这有助于避免学生在语言学习过程中产生抗拒心理。

(3)教师应提升学情分析能力

在培养学生商务文化意识的过程中,教师应关注学生的需求和个性特点,通过多元沟通与互动了解商务英语教学中存在的问题。在此基础上,教师可以制定更加系统性的培养方案,以加强个性化培养并促进人才的全面发展。

(4)教师应加强与同行的交流和互动

通过与同行的交流和互动,教师可以不断更新教学理念和教学模式。同时,加强与商务工作者的沟通和合作有助于了解企业的多元化需求。这样,教师能够基于企业发展需要来强化人才培养,从而推动商务英语

教学进入新的发展阶段。

5.以文化差异为着力点,协调文化与语言的关系

在商务英语教学的创新发展过程中,我们应从文化层面加强对商务文化意识培养的关注和重视。这有助于在商务英语教学内容中更好地融入商务文化内容,从而进一步强化文化意识的培养。通过协调语言教学与文化培养之间的关系,我们可以在商务英语教学中更有效地融入商务文化,从而更好地协调文化与语言的关系。

例如,英文"smuggled goods"与中文的"水货"虽然都代表走私货物,但在我国,"水货"还具有质量较差的商品的含义。因此,从文化差异入手,确保学生在语言学习过程中了解不同语境中的语言表达形式,将有助于提升他们的商务英语掌握能力,并引导他们积累多元化的日常商务用语,进而增强其职业核心素养。

在教师引导学生学习商务英语时,可以通过换位思考的方式,让他们思考不同背景和环境下的语言应用模式。利用商务习惯和多元化的商务礼仪深入剖析语言背后的文化,将有利于学生提升文化敏感性。

由于不同民族的民众价值观存在差异,所以了解不同国家的风俗习惯在商务交往过程中十分重要,这能加强对合作方的尊重。例如,我国在展开部分商务活动时会敬烟表示热情,而部分欧美国家对此行为却十分反感。此外,中国人表达相对含蓄,而西方国家更喜欢开门见山,直入主题。因此,了解不同国家的商务活动形式,才能加强对商务英语的正确应用。

在商务英语教学过程中,引导学生深入了解不同国家的礼仪文化、感受多元的喜好和禁忌,将有助于他们在商务谈判中取得成功。总体而言,商务英语教学的目标在于打破语言交流障碍,提升学生跨文化交流能力,培养具有国际化视野的商务人才,为商务活动的发展贡献力量。通过协调语言与文化的发展,商务英语教学将进入新的发展阶段,进一步增强学生的就业能力和职业核心素养。

6.以考核评价为着力点,基于学生需求设计场景

在商务英语教学与改革的过程中,传统评价方式已无法满足学生发

展的需求。因此,我们需要进一步加强对学生商务文化意识的综合评估。通过采用多元化问卷的方式,深入了解学生的学习状态与商务文化意识,从而基于学生的发展需求,构建情景演练模式。这种模式将有助于引导学生在模拟的真实情境中提升商务文化意识。

在多元化考核的实践中,我们应积极采纳企业的意见,利用校企合作的优势,平衡理论与实践教育的比重。这样,我们不仅可以为社会输送具备多元化语言能力的人才,同时可以为学生提供更多实训与实习的机会。这不仅有助于平衡教育比例、完善教育结构,更能强化对学生主体性的尊重。通过实训与实习,学生可以自主了解商务文化的重要性,激发学习兴趣,提升学习热情。这将促使学生更积极地参与多元化的商务活动,感受多元语言与文化的魅力。

在评价体系的构建中,我们应该从多个角度展开考核评价。评价主体应包括教育者、受教育者、学校、企业、家庭等多个方面。多方参与教学评价,可以更全面地了解学生,并引导学生对商务活动有更深入的认知。这也将有助于提升学生的商务文化素养。

随着信息技术的发展,学生可以利用互联网突破时间与空间的限制,与外国友人进行沟通交流。这不仅有助于了解不同国家的风土人情、增长见识,也可以在语言交流中提升翻译能力,纠正英语发音。集过程性与诊断性评价为一体的考核模式,将有助于学生的全面发展。在深入了解学生后,我们还应为他们构建多元化的学习情境。基于学生的需求设计场景,可以强化对他们的听、说、读、写、译等能力的培养,并确保他们在学习过程中真正体会到商务英语的应用价值。这将增强他们的学习自信心,并为提高他们的商务文化能力打下坚实的基础。

在商务英语教学的多元化发展进程中,我们应双管齐下,既要注重培养学生的商务文化意识,又要合理安排理论教学与实践教育的比重。唯有如此,我们才能有效地提高学生的跨文化交流能力,进而培养出更多优秀的国际化商务人才。目前,我国正处于改革的关键时期,广大学生应把握这一机遇,积极参与商务活动,汲取各国发展的宝贵经验,并结合我国实际情况,推动本土商务活动的创新发展。这样,我们才能为国家的发展和社会的进步贡献力量，切实提升我国的综合实力和整体水平❶。

总之，在经济全球化背景下，高校商务英语专业对于学生跨文化交际意识的培养是十分重要的。通过优化教学内容、创新教学方法、拓展教学实践，能够让学生深入认识不同文化之间的差异和冲突，明确商务沟通中不同文化背景下表现在语言、价值观念、宗教信仰和道德行为规范等方面的差异，进而让学生从更深层次掌握英语，并在商务交流中有效化解冲突，更加从容地融入跨文化交际环境❷。

---

❶谭莉.商务英语教学与商务文化意识的培养路径研究[J].吉林广播电视大学学报，2023(1)：149-151.

❷徐代.高校商务英语教学中跨文化交际意识的培养研究[J].中国科技期刊数据库科研，2022(7)：44-46.

参考文献

[1]陈航.5W模式下的商务英语口语教学实践研究[J].现代职业教育,2023(34):45-48.

[2]陈佳妮.新时期高校商务英语智慧课堂生态系统的构建探讨[J].校园英语,2023(24):16-18.

[3]戴年.商务英语的起源与发展史简述[J].理论月刊,2010(6):88-91.

[4]丁雅玲.需求分析理论视域下本科院校的商务英语教学改革探索[J].文化创新比较研究,2019,3(34):135-136.

[5]段君.跨境电商背景下商务英语人才培养模式创新[J].人才资源开发,2023(8):36-38.

[6]高国凤.建构主义理论下应用型本科院校商务英语混合式教学研究[J].齐齐哈尔师范高等专科学校学报,2022(5):150-152.

[7]郭天宇.关于商务英语教学原则创新的几点思考[J].海外英语,2012(19):65-67.

[8]何畏.高校商务英语学科建设研究[J].学苑教育,2019(11):65.

[9]贺薇,刘军伟.新文科背景下商务英语复合型人才能力素质模型构建[J].对外经贸,2023(8):91-94.

[10]李吉婧.高校商务英语信息化教学模式的应用初探[J].英语广场,2023(18):96-99.

[11]李娟.新文科背景下商务英语专业学生跨学科能力培养研究[J].大学,2023(23):69-72.

[12]李诗瑶."互联网+教育"背景下的学生行为模式与学习效果关系研究[J].互联网周刊,2023(17):64-66.

[13]李晓霞,张文勋.关于商务英语教学中多元智能理论的应用探究[J].现代英语,2020(18):22-24.

[14]李远辉.略谈新文科背景和经济全球化视野下商务英语的跨学科交叉融合[J].外语教育与应用,2023(0):53-66.

[15]梁秀花.商务英语教学与跨文化交际能力培养策略[J].现代英语,2020(17):15-17.

[16]廖金莲."互联网+教育"背景下中职商务英语专业学生英语自主学习能力调查研究[D].长春:吉林外国语大学,2022.

[17]刘欢.外贸企业对商务英语人才素质要求探讨[J].经济与社会发展研究,2020(10):131.

[18]刘玉洁.互联网背景下,商务英语翻转课堂的研究与实践[J].现代营销(经营版),2019(2):236-237.

[19]鲁曼俐.数字赋能高校商务英语类课程高质量教学探析[J].现代商贸工业,2024,45(2):83-85.

[20]骆铮.中国文化融入商务英语专业教学的实施路径[J].校园英语,2023(35):34-36.

[21]马蕾.线上线下混合式教学模式在高校商务英语课程教学中的应用分析[J].中文科技期刊数据库(全文版)教育科学,2023(2):140-143.

[22]马泽潇."互联网+"时代基于翻转课堂的高职商务英语教学创新思考[J].中国科技期刊数据库科研,2022(12):172-175.

[23]宁博."互联网+"背景下的商务英语教学[M].北京:中国金融出版社,2022.

[24]钮敏.商务英语专业人才职业能力培养模式研究[J].中国科技期刊数据库科研,2022(11):33-36.

[25]潘雁,蒋晗.跨文化背景下的商务英语课程多元文化教学[J].海外英语,2021(15):32-33.

[26]彭富强.CBI理论影响下的商务英语教学研究[J].教育教学论坛,2020(21):277-278.

[27]谭莉.商务英语教学与商务文化意识的培养路径研究[J].吉林广播电视大学学报,2023(1):149-151.

[28]唐跃华.试论混合教学模式在商务英语教学创新中的应用[J].中国科技期刊数据库科研,2023(10):46-48.

[29]王玲玲."双创"背景下高校商务英语教学模式分析[J].校园英语,2023(11):39-41.

[30]吴桢珍."一带一路"背景下的商务英语专业教学模式研究[J].中国科技期刊数据库科研,2023(5):186-189.

[31]席龙菲.解读商务英语的语言特点及翻译策略[J].中国科技期刊数据库科研,2022(7):130-133.

[32]熊祖娟.中外企业文化对于商务英语课程育人影响分析[J].中文科技期刊数据库(全文版)教育科学,2022(12):117-119.

[33]徐代.高校商务英语教学中跨文化交际意识的培养研究[J].中国科技期刊数据库科研,2022(7):44-46.

[34]徐桂枝,张语平.多媒体和网络技术在商务英语教学中的应用与思考[J].中国科技期刊数据库科研,2023(5):60-63.

[35]杨瑞霞.高校商务英语教学中跨文化交际能力培养分析[J].中国科技期刊数据库科研,2022(7):31-34.

[36]杨阳.互联网+时代商务英语谈判教学模式研究[J].文化创新比较研究,2020,4(30):112-114.

[37]叶思琪,夏添一,尹秀娟.人工智能赋能商务英语教育的现状及优缺点分析[J].英语广场,2023(26):133-136.

[38]叶兴国.我国商务英语专业教育的起源、现状和发展趋势[J].当代外语研究,2014(5):1-6,76,79.

[39]伊先婷.需求分析理论视域下商务英语专业人才培养路径[J].中国多媒体与网络教学学报(上旬刊),2023(8):196-199.

[40]余薇.浅析跨境电商高职商务英语教学改革路径[J].中国科技期刊数据库科研,2022(8):41-43.

[41]袁媛.商务英语课程思政教学改革研究[J].湖北开放职业学院学报,2023,36(14):98-100.

[42]湛军.新文科背景下商务英语建设:关键问题与发展路径[J].当代外语研究,2023(4):45-53.

[43]张爽.高校商务英语课程教学改革的探索与研究[J].校园英语,2023(21):49-51.

[44]赵丽敏."互联网+"背景下高校商务英语专业人才培养的转型与升级[J].大学,2023(19):110-113.

[45]赵秀华.商务英语谈判中跨文化交际问题及应对策略[J].国际公关,2023(9):104-106.

[46]钟雯.商务英语教学的机遇与挑战[J].中国科技投资,2013(12):244-245.

[47]周海洋."互联网+教育"教学变革研究[J].学苑教育,2021(16):45-46.

[48]周瑞琪.商务英语内涵及课程设置刍议[J].齐齐哈尔大学学报(哲学社会科学版),2007(5):154-156.

[49]朱志明.跨境电商市场视野下的高校电子商务英语教学改革策略研究[J].海外英语,2022(10):154-155,157.